书山有路勤为径,优质资源伴你行
注册世纪波学院会员,享精品图书增值服务

U0525948

•项/目/管/理/核/心/资/源/库/

[美] 迈克尔·坎贝尔 著
Michael Campbell
傅永康 陈万茹 译
骆庆中 审

项目经理的
沟通技巧

Communications
Skills for
Project Managers

电子工业出版社
Publishing House of Electronics Industry
北京·BEIJING

Communications Skills for Project Managers by Michael Campbell.

Copyright © 2009 by Michael Campbell.

Simplified Chinese edition copyright © 2022 by Publishing House of Electronics Industry Co., Ltd. Published by arrangement with HarperCollins Leadership, a division of HarperCollins Focus, LLC. All rights reserved.

本书简体中文字版经由HarperCollins Leadership授权电子工业出版社独家出版发行。未经书面许可，不得以任何方式抄袭、复制或节录本书中的任何内容。

版权贸易合同登记号　图字：01-2021-3851

图书在版编目（CIP）数据

项目经理的沟通技巧 /（美）迈克尔·坎贝尔（Michael Campbell）著；傅永康，陈万茹译. — 北京：电子工业出版社，2022.8
（项目管理核心资源库）
书名原文：Communications Skills for Project Managers
ISBN 978-7-121-44091-5

Ⅰ. ①项… Ⅱ. ①迈… ②傅… ③陈… Ⅲ. ①企业管理－人际关系学 Ⅳ. ① F272.9

中国版本图书馆 CIP 数据核字（2022）第 152896 号

责任编辑：卢小雷
印　　刷：北京七彩京通数码快印有限公司
装　　订：北京七彩京通数码快印有限公司
出版发行：电子工业出版社
　　　　　北京市海淀区万寿路173信箱　邮编100036
开　　本：720×1 000　1/16　印张：16　字数：212千字
版　　次：2022年8月第1版
印　　次：2025年6月第4次印刷
定　　价：79.00元

凡所购买电子工业出版社图书有缺损问题，请向购买书店调换。若书店售缺，请与本社发行部联系，联系及邮购电话：（010）88254888，88258888。

质量投诉请发邮件至zlts@phei.com.cn，盗版侵权举报请发邮件至dbqq@phei.com.cn。

本书咨询联系方式：（010）88254199，sjb@phei.com.cn。

序

众所周知，在项目管理过程中，沟通的重要性再怎么强调也不为过。在我漫长的项目管理职业生涯中，无论是作为一线项目经理，还是作为项目管理培训师和咨询师，我深刻地感受到，沟通是否顺利甚至可以决定项目的成败。

当代项目管理的发展，如从《PMBOK®指南》第1版到第7版的演进，项目管理涉及的软技能部分（包括沟通技能）所占的比例越来越大。几乎每个公司和组织的领导者都认为，他们的项目经理最缺乏的就是沟通和协调技能，即如何跨部门协调资源，如何带好矩阵型（跨部门）项目团队。

尽管沟通在项目管理中的重要性，尤其是项目经理沟通技能的重要性，得到了业内的普遍认可，但与之形成鲜明对比的奇怪现象是，市场上真正论述项目沟通的书籍非常少，且枯燥乏味，难以理解，实战性不强。就连由项目管理大师哈罗德·科兹纳（Harold Kerzner）所著的被称为"项目管理圣经"的《项目管理：计划、进度和控制的系统方法》，涉及的项目沟通方面的内容也只有寥寥几笔，对于项目沟通的实战指导意义并不是很大。

我在好多年前就接触到本书的英文原版，当时就想把它引进国内翻译出版，苦于条件有限和时机不成熟，一直未能实现这个愿望，感谢电子工业出版社，现在我终于如愿以偿。本书是由上海清晖管理咨询有限公司的创始人傅永康先生和学术秘书陈万茹女士翻译的，他俩都有复旦MBA的背景，在项目管理理论和实践方面有很高的造诣。我与傅先生相交15年，我对他最深的印象是他对项目管理的执着和坚持。相信本书一定会对广大项目经理和项目从业人员有启迪和借鉴作用。

　　本书作者坎贝尔先生具有丰富的项目管理实战经验，是一位国际公认的项目管理和沟通专家，他对项目沟通的论述观点独特，浅显易懂。与市场上绝大多数项目管理沟通（乃至管理沟通）类书籍相比，本书最大的特点是，并不是只论述沟通的一般原理，而是从一个具体的项目案例出发，讲述沟通在项目各个阶段的特点及具体的做法。你完全可以参照本书介绍的原理和模板来进行实践。例如，通过有效沟通，将项目目标与企业战略联系起来，编写具体项目的章程。就连看起来简单、实际非常麻烦的"项目收尾报告"，书中也有相应的案例。

　　这是一本轻松幽默、富含案例且实战性强的项目管理好书，希望各位开卷有益，各取所需，为大家的职业发展和项目管理提供帮助。

　　若想对本书或需要在项目管理沟通方面做进一步探讨，可以与我联系：luo_qingzhong@sina.com。

骆庆中，PMP，MBA

华东理工大学兼职教授

资深项目管理培训咨询师

前言
以全新的方式思考你的项目沟通

如今，商业变化比以往任何时候都快，大多数商业变化都是通过项目来实施的，而这些项目往往需要更加强大的方法来管理。对项目管理方法和技能的需求推动了诸如项目管理协会等组织的快速发展。然而，正如许多项目经理沮丧地感觉到的那样，仅通过运用较好的项目管理方法论并不能保证项目的成功。

为什么好的项目管理还不足以保证项目的成功

很多项目经理都遇到过这样的情况：从项目管理的角度来看，这是一个技术上成功的项目，但从运营团队的角度来看，它被视为商业上失败的项目。这怎么可能？"技术上成功"而"商业上失败"？在频繁发生这种情况的信息技术世界，这意味着软件可以像宣传的那样工作，因此根据定义，它在技术上是成功的。然而，用户群体要么没有正确地使用该软件，要么根本就没有使用它！因此，该项目永远不会产生预期的商业价值，它在商业上是失败的。

本书旨在帮助你克服令人生畏的障碍，包括由错误的沟通策略引起的障碍。我将逐步向你展示如何通过沟通来交付成功的商业项目，并带来所承诺的商业利益。

为什么项目沟通如此重要

过去你可能遇到的使用项目管理技术的场景是，在NASA（或工程/建筑领域）那样的组织研发高科技产品。在航空航天、电子和建筑行业之外，人们很少使用项目管理工具和技术，并且只有部分可用的工具和技术被应用于实际工作中。即使在项目管理方法很完善的公司和组织中，对沟通的关注也是极少的。通常，这些公司和组织正在启动大型投资项目，人们经常可以看到这些项目并标记进展。此外，人们会有不同的期望，当他们搬进新的办公大楼或工厂时，他们期望事情会有所不同——变得更好！当今，越来越多的项目以信息为中心，因此进度等因素并不那么清晰，而且人们的期望也各不相同。人们希望项目能够让他们更快、更容易地做同样的工作。管理期望是有效的项目沟通的关键驱动因素。

关于沟通重要性的另一组数据：我的公司（MCA国际）正在为一家员工遍布全球的油田服务公司的项目经理举办一系列研讨会。在举办研讨会时，我们与来自30多个国家的500多名项目经理合作。作为研讨会评估的一部分，我们要求项目经理评估什么能让项目成功，什么会导致项目失败。被这个多元化群体确定的第一个关键成功因素就是沟通。通过询问更多细节，我们了解到，当项目团队成员之间、项目团队与公司客户之间的沟通顺畅时，项目几乎总是成功的。如果项目失败，沟通不畅总会被认为是查明和确认问题的关键因素。

项目经理识别的另一个关键成功因素是领导层对项目的支持和参与。似乎所有的项目经理都认识到需要得到领导层的支持，但在努力获得支持的过程中，他们常常感到沮丧。这就是本书把"培养领导力"放在第2章的原因。第2章将向你展示，如何让公司的领导层从始至终对你的项目保持兴趣。通过积极的项目沟通，你成功的机会将大幅提升，同时挫败感也会大幅减少。

忽略项目沟通的后果

为了阐述在管理期望时忽略沟通的后果，我想讲述我的一位客户的个人经历。他的团队在为一家商品贸易集团安装一套新的软件。他使用了你将在本书中看到的大部分沟通技巧，而且进展顺利。然而，我的客户发现，他陷入了所有项目经理都曾在某个时间点遇到的困境。这是一个周期很长的项目，已进入最后几个月。随着项目组的沟通变得越来越草率，该商品贸易集团的期望没有得到妥善的管理，新软件遭到了强烈的抵制。如果不迅速采取行动，最后几个月可能会破坏这家商品贸易集团在过去18个月建立的所有商誉。尽管导致抵制的许多问题比这里描述的要复杂得多，但在这种情况下，关键的失败因素是他的沟通策略中有一个基本缺陷（之前提到的"草率"）。项目经理（我的客户）和他的团队已经养成了只通过电子邮件与商业用户沟通的习惯。众所周知，当大量的日常电子邮件（大部分几乎没有必要）和垃圾邮件堆积在一起时，大多数人会在一段时间后忽略日常电子邮件。这就是这名项目经理的遭遇。那么他是如何解决这个问题的呢？首先，团队要在一起工作，他不再仅依赖电子邮件来进行更新，而是制订了一个全新的、更全面的沟通计划（见第10章），除了电子邮件更新和电话沟通，他还组织了若干沟通活动，如午餐会（自带便当）和员工大会（见第5章）。团队还为该商品贸易集团中的关键人物提供了一系列非常有针对性的信息，这些关键人物可以影响团队中的其他人。这些改变再加上其他一些技术性修复，帮助我的客户完成了项目，项目团队基于所做的出色工作赢得了很好的信誉。

本书的主要内容

本书将为你提供沟通的所有基础知识，无论是书面沟通还是口头沟通。第5章涵盖了各种类型的沟通基础知识，能够帮助你构建良好的沟通，以获得最佳效果。

在本书中，你将看到各式各样的工具、模板和技术，能帮助你做好准备并开展沟通。

在第12章，你将看到有效的沟通如何帮助你管理各种风险。这一点很重要，因为新技术增加了业务风险，因此在沟通方面要求项目从业人员具有很强的项目管理能力。它提高了预期的项目成功概率，这在很大程度上归功于组织通过实施新技术和系统进行的大笔投资。现在，这些组织的管理团队所要求的投资回报率与他们在建造炼油厂或任何其他大型投资项目后所期望的相同。

美国项目管理协会（Project Management Institute，PMI）的快速发展是有目共睹的，这也是项目管理方法论日益被接受的一个很好的例证。PMI是世界上最大的促进项目管理艺术和科学发展的非营利性专业组织，成立于1969年，当时会员不足100名，1979年会员只有2 000名，1990年会员不到10 000名。然而，到21世纪初，PMI会员已增至50 000名。在编写本书时，PMI已拥有超过150 000名会员，分布在全球140个国家和地区。

商业项目管理

如今，商业环境对组织提出了各种各样的要求，这会很自然地影响你的个人工作方式。如果想在这个瞬息万变的时代生存和发展，你就必须在自己的专业领域（你从事的日常工作）、与他人协作解决问题、寻求机会和实现变革等方面（项目工作）都能有效地发挥作用。这就要求你具有项目管理和沟通的能力。项目管理和变革管理作为两个不同的学科，大多数人在试图找出两者之间的联系时会遇到困难（变革管理是一种结构化的方法，用于将个人、团队和组织从现状转变为理想的未来状态；变革管理的当前定义包括变革管理流程和个人变革管理模型，它们一起被应用于管理变革的人员）。项目管理更多地被视为具有明确任务、硬性交付和标准技术的方法论。而变革管理被视为"软"技能——人员方面。思考过变革管理的项目经理通常将其视为沟通，包括墙上的海报，或许还有一些培训。但是，当你向大多数项目经理提出一些尖锐的问题时，如"项目中最困难的部分是什么"，几乎所有人都会回答："人！"如果你接着问另一个问题："为什么人是最困难的部分？"他们通常会回答："因为他们总是抵制项目所需要的变革。"

如果这是普遍存在的事实，那么项目管理和变革管理之间可能存在联系。如果大多数项目经理和我一样——在流程中思考，那这意味着他们喜欢用一系列步骤来得出可预测的结论。当处理多项任务时，他们可以更好地使用方法论，如PMI或PRINCE2（英国政府商业局推出的认证）提出的方法，而不是"随心所欲"。这种联系被称为"商业项目管理"。

因此，本书将向你展示如何将PMI概述的项目管理方法与变革管理方法联系起来，以及沟通如何影响项目的每个阶段。本书将遵循PMI方法论的4个阶段，并向你展示如何在每个阶段将它们联系在一起。

最后，通过阅读本书，你会发现一系列提醒，这些提醒将在你未来执行项目时对你有所帮助。它们将帮助你回忆起需要考虑的因素，而无须再次阅读本书或试图找出书中每章的要点。我相信，这会让你一次又一次地获得成功。

本书所使用的案例研究

在阅读本书的过程中，你将参考一个案例研究。在该案例研究中，我对相关人物的姓名进行了修改以保护项目参与者，但具体情况和解决方案是真实的。希望该案例研究能帮助你了解如何应用本书推荐的沟通技巧，并了解其他项目经理是如何成功地使用这些技巧的。该案例介绍的是迈德医疗科技公司，该公司制造并提供范围广泛的医疗保健产品服务，如向医院和疗养院等提供病床、卧具，以及帮助病人加快治愈流程的特殊物品。在过去几年，该公司在业务发展方面遇到了麻烦。作为一家上市公司，管理团队一直承受着来自华尔街持续施加的压力——要求其提高利润率和改善未来的发展前景。如果不能快速改善公司的发展前景，公司面临的唯一选择就是被卖给竞争对手（这意味着所有员工都要寻找新的工作）。

在进行了一系列战略会议，了解自身的优势、劣势、机会和威胁（传统的SWOT分析）后，领导团队清楚地认识到，加速发展的最佳机会是向现有客户销售更多的产品。为了实现这一目标，领导层需要更好地了解客户群。销售和营销人员提供的研究表明，吸引和服务新客户的成本是服务现有客户的两倍。他们还确定了销售区域和服务线路的结构，由于缺乏客户信息，销售团队难以实现交叉销售。在讨论了各种选项后，公司管理层决定使用客户关系管理软件来更好地获取客户信息。这种类型的软件可以使公司实现更好的客户服务和更高的业绩增长（双重目标）。他们决定将项目命名为"振兴项目"。

在该案例研究中，迈德医疗科技公司的几乎每个人，包括该公司的客户，都被该项目以某种方式触及。鉴于内部和外部利益相关方人数众多，沟通变得尤为重要（我将在第5章介绍有关利益相关方的内容）。你将在图0.1中看到在该项目中扮演重要角色的人员。当然还有很多其他角色，图中列举的是本书涉及的关键人员。

发起人：丽莎·拉姆齐

负责人：宝拉·达尔伯格

工作委员会：

里兰·奥尔森，总控

凯莉·詹金斯，客户关系经理

恰克·斯温德尔，供应商管理和联系人

加里·斯泰尔斯，销售部经理

华尔特·费雪，制造部经理

丹·科恩，IT部总监（若需）

项目团队主要成员：

罗德·汤普森，项目经理

安妮·加西亚，沟通专家和变革管理负责人

保罗·瑞恩，首席商业分析师

约书亚·拉尔森，技术团队负责人

卢克·约翰逊，IT部门联系人

图0.1　迈德医疗科技公司"振兴项目"涉及的重要人员及角色

前言

阅读本书的收获

试想一下，当你成功地完成项目并向指导委员会做最后的陈述时，会是多棒的感觉！你的同行会多么羡慕你，因为你交付了如此出色的项目，并且客户对结果很满意！你知道你每次都可以做到！

以下是尝试过这些技术的人的一些评论：

> 现在我明白了良好的沟通对项目成功的重要性。
>
> ——项目经理，英国
>
> 任何参与项目的人都应该知道这些概念！
>
> ——项目团队负责人，意大利
>
> 这让我意识到，项目团队的所有成员与项目管理人员之间的良好沟通是成功的关键。
>
> ——项目团队负责人，委内瑞拉
>
> 除了良好的沟通，我学到的最多的就是要有一个现实的计划作为指导。
>
> ——项目经理，美国
>
> 在阅读完本书后，我意识到在项目中遇到的问题是不同层级之间的沟通问题。第一，确定客户的需求，然后将此必要性传达给你的上级或其他负责人。第二，重视团队之间的沟通，有时我们做着重复的任务，因为团队之间没有很好地沟通。
>
> ——项目团队负责人，墨西哥

目录

第1章　通过有效的沟通将项目与战略联系起来　　001
　　变革业务项目　　004
　　从预期的商业收益开始　　006
　　进行可行性研究　　007
　　开展"振兴项目"的可行性研究　　007
　　明确的项目目标对每个人都有意义　　009
　　每个项目的主要目标　　010

第2章　培养领导力　　013
　　领导层应该如何参与　　014
　　为领导层提供脚本　　017
　　组建工作委员会和工作组　　023
　　项目团队与工作委员会的沟通　　024
　　项目团队与工作组的沟通　　025

第3章　编写项目章程　　029
　　合同　　031
　　对业务问题的陈述　　032
　　目标和目的　　033
　　项目范围　　034
　　假设条件和制约因素　　035
　　风险和收益　　036

	预算和进度	037
	编写项目章程的一些建议	037
第4章	**组建团队并沟通业务**	**041**
	销售方面的沟通	042
	规划沟通方式时要考虑的要素	044
	团队内部沟通	047
	倾听是沟通的一部分	051
第5章	**沟通的通用元素**	**053**
	第一步：分析目标	054
	第二步：设计方法	058
	第三步：传递信息	061
第6章	**编写变革案例**	**065**
	编写变革案例的准则	066
	行为的影响因素	067
	沟通创造感知	068
	编写变革案例的过程	070
	变革案例的作用	072
第7章	**分析业务流程变革**	**074**
	创建与变革相关的特定沟通	080
	将业务流程变革纳入培训计划	081
	将业务流程变革纳入领导力计划	082
	制定初步绩效衡量标准	083
第8章	**对新业务流程提供支持**	**085**
	解决公平因素	086
	如何处理领导者倒退的情况	086
	如何处理其他关键人员倒退的情况	088

	紧迫性和决策	089
第9章	制订运营整合计划	092
	变革案例	095
	理解业务流程变革	095
	项目团队的支持	096
	项目可交付物的准备	097
	了解时间表	098
	拿破仑三分法	099
第10章	为项目编制沟通计划	102
	沟通的基础：一切都与感知有关	103
	沟通计划是什么样的	104
	开发有效的信息	111
第11章	为决策团队编写项目计划备忘录	115
	审查所有沟通的通用元素	117
	正式沟通与非正式沟通	118
	编写项目计划备忘录	119
第12章	通过沟通来管理风险	124
	通过沟通来管理业务风险	127
	通过沟通来管理组织风险	130
	通过沟通来管理各种风险	132
第13章	在项目执行期间向利益相关方演示	134
	确定演示目的	135
	分析受众（利益相关方）	137
	选择演示策略	141
	分三个部分构建演示文稿	142
	付诸实践	143

目录

演示过程中的问题应对	143
使用视觉辅助工具	145

第14章　有效地沟通项目中的问题　　151
召开有效的会议	154

第15章　有效地沟通项目范围的变更　　158
做好基本假设	159
变更请求	161
沟通变更	163
提出选项并做出决策	164
沟通决策	165

第16章　与运营团队进行有效的沟通　　168
使用不同的方式传达好消息与坏消息	169
避免做出错误的假设	171
创建一个故事板来解释项目	176

第17章　做好运营准备　　180
做好准备提供培训	182
绩效评估和项目可交付物	184
准备情况检查清单	187

第18章　克服变革阻力　　194
抵制变革的原因	195
阻力的类型	197
如何克服阻力	200

第19章　处理项目的优先级问题　　203
保持态势感知	204
规划横向和纵向沟通	206

XV

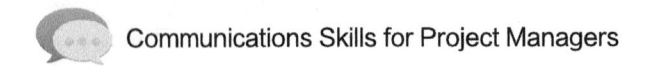

快速解决潜在冲突	206
"振兴项目"遭遇的优先级问题	207

第20章　编写收尾报告　　211

业务利益相关方	213
项目利益相关方	216
梳理收尾报告	217

第21章　向项目团队提供反馈　　221

工作质量	224
整个项目过程中表现出的及时性和一致性	224
创造力	225
行政绩效	225
作为团队一分子的工作能力	226
态度	226
沟通技能	227
技术能力	227
成本意识	228
改进建议	228
开发评估矩阵	229
庆祝项目成功	230

第22章　让项目真正落下帷幕　　232

与组织就项目创造的价值进行沟通	233
运营绩效指标	234
与所有团队成员沟通	235
项目实施后的审查	236

后记　　237

第 1 章

通过有效的沟通将项目与战略联系起来

所有的项目通常都会被执行，因为它们是将组织提升到全新绩效水平的计划的一部分。图1.1展示了该观点。组织必须同时做两件事才能成功：每天"经营业务"以实现目标和目的，"变革业务"以使自己在未来得以生存和发展。图中的"愿景"代表组织将如何适应未来的竞争格局。项目始终是变革业务轴心的一部分。经营业务的压力总是会取代"变革业务"的议程。平衡好这两项需求是项目获得成功的关键。

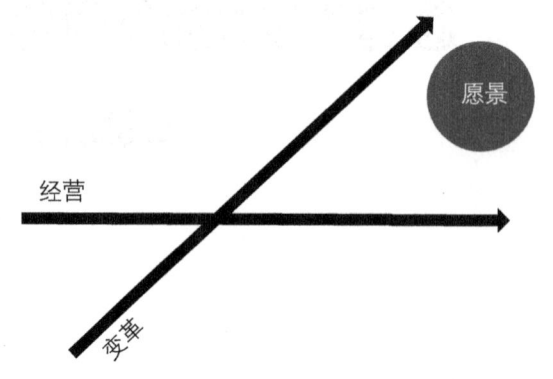

图 1.1 "变革业务"与"经营业务"的双重性质

项目经理面临的首要沟通挑战之一就是，在项目完成后，沟通如何使公司变得更加美好（愿景）。批准该项目的决策团队往往只有一个高层级的战略愿景，这很难与公司内部的普通员工沟通。为了让公司员工了解项目的目的，需要给他们提供更多具体的例子。例如，管理团队表示，公司希望成为"医疗设备业务领域客户满意度第一的品牌"。但是，这仍没有为项目经理提供与公司就项目价值进行沟通的机会。第6章讨论的"变革案例"将为你提供一个模板，用于向管理层提出正确的问题并获取正确的答案。事实上，在问了正确的问题之后，项目经理罗德·汤普森意识到需要新的客户关系管理（Customer Relationship Management，CRM）系统来支持现代设备制造公司。旧系统不可靠，得不到原供应商的支持。因此，提高客户满意度实际上是灵活地响应市场上客户的需求——这才是他需要传达的愿景。

第1章 通过有效的沟通将项目与战略联系起来

当公司试图用同样的员工来做那些"变革业务"的项目（如罗德的CRM项目）时，沟通的推动变得特别困难，因为这些员工必须做他们的"日常工作"，同时还需要适应项目工作。

所有公司都在"经营业务"的箭头上开展活动，重点关注其定期结果（但通常不完全局限于财务结果）——每月、每季度和每年。

每家成功的公司都有出色的流程和规程来管理和控制"经营业务"箭头上的活动。罗德明白，迈德医疗科技公司各部门经理的困难在于如何衡量自己的绩效。部门经理的绩效是根据他们"经营业务"的活动来衡量的。当他们的主要人员被引入项目工作时，就会危及他们交付成果的能力。这意味着在相互冲突的优先级中，各部门经理将自动默认"经营业务"为员工的首要职责。

因此，作为项目经理，罗德必须定期与项目团队成员的负责人（部门经理）沟通。传达给这些部门经理的信息会经过结构化处理和加工，以使他们相信，让他们的关键人员参与项目对其部门和公司都是有好处的。罗德每两周向各部门经理更新其下属的贡献，使他们为项目带来的价值变得显而易见。

因此，管理层是在制定高风险的举措（通常被分解为项目），这些项目会改变未来的业务并对公司长期有效。沿着这两条路径同时前进是公司生存所必需的。迈德医疗科技公司的"振兴项目"正是这样一个项目。

众所周知，如果不随着时间的推移而改变，任何公司最终都会像马鞭产业一样——消失！罗德明白双重焦点概念是他发起的所有沟通的基石，记住这点很重要。最终，他确保所有的项目沟通都有一个共同的根源，那就是将计划与决策团队概述的更广泛的业务战略联系起来。

在本书的案例研究中，迈德医疗科技公司的领导层决定确保他们对这两项业务（经营业务和变革业务）赋予同等的关注度，并将每周一的管理会议划分为两部分。上午，他们将从事经营业务活动。午餐后，工作重点将转移到诸如"振兴项目"之类的变革业务上。如果你在公司没有看到专注于变革业务项目的类似承诺，那么对作为项目经理的你来说，这应该是一个危险的信号。这表明决策部门提供长期持续支持的承诺可能难以维系。这确实是决策团队与项目团队和利益相关方就其对有形结果的承诺和期望进行沟通的方式。

变革业务项目

在最近的一项调查中，超过80位高管提供了一个有趣的统计数据。他们得出的结论是，只有40%的员工会改变自己的工作习惯并采用来自高科技项目的可交付物。如果你知道很多公司正在使用相同的项目作为执行变革业务活动的工具，那么你就会意识到这是一个令人不安的统计数据。这些项目可能采取许多不同的形式。例如，它们可能是我们在调查中发现的围绕技术实施的项目，也可能包括：

- 战略项目。
- 信息技术或系统。
- 业务发展项目。
- 人力资源绩效。

图1.2说明了这一过程：项目通常都始于客户的未来需求，这些项目通常侧重于满足或超越客户的需求或需要，然后将这些需求或需要放入战略计划，该计划将在未来几个月甚至几年的时间内实施。此外，这些需求或需要被转化为各种项目以供执行。最后，所有这些项目最终都必须作为日常业务的一部分迁移到组织中来，以便它们引发的变革成为组织日常业务运营的一

部分。这些项目可能有多种预测结果，但有一点是不变的——未来改进绩效的需要。项目经理必须了解这种联系。项目经理还必须通过沟通，确保项目团队的每个成员都了解组织的未来与项目试图实现的绩效结果之间的联系。你可能会问为什么，答案相对简单，但执行起来困难得多。这正是迈德医疗科技公司遭遇的情况。该公司面临着激烈的竞争，并发现自己传统的、可靠的关于床、寝具及各种其他供应物品的业务绩效并没有增长。华尔街（和迈德医疗科技公司的投资者）正在寻找决策团队来为公司未来的发展提供方向。使用"振兴项目"和CRM系统来扩大销售规模是说服华尔街相信迈德医疗科技公司拥有未来的关键。

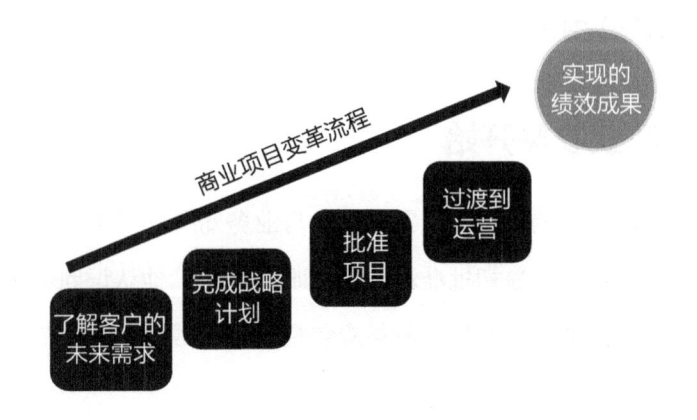

图 1.2　商业项目变革流程

所有项目都是为提高业务绩效而进行的，它们大致都遵循这样的路径：了解客户的未来需求，完成战略计划以解决未来需求，批准项目以实施战略计划，然后从项目过渡到运营。

随着项目的进行，项目经理罗德·汤普森和项目团队需要做出大量的决策，以解决在项目开始时无法预测的各种技术和业务问题。如果你过去加入过项目团队，你可能也经历过类似的事情。解决特定的业务问题或技术问题的方法通常不止一种。在迈德医疗科技公司，罗德·汤普森意识到，如果他和项目团队的主要成员不了解决策团队如何设想通过使用CRM来构建未来业务的战略，项目团队可能会做出无法完成项目和实现业务成果的决定。这些成果正是迈德医疗科技公司高管最初授权该项目实施的意图。这又回到了史蒂芬·柯维在他的《高效能人士的七个习惯》一书中描述的概念——以终为始。

迈德医疗科技公司的高管决定让营销副总裁丽莎·拉姆齐担任项目发起人。她将负责提供"振兴项目"的商业价值。为了跟上项目的进展，她会在每周一下午变革业务的项目领导团队会议上进行汇报。此外，她将每月一次邀请项目经理罗德·汤普森参加领导团队会议，并向整个团队更新该项目（"振兴项目"）的状态。

从预期的商业收益开始

从一开始，罗德就意识到他要将项目与业务需要和需求保持一致，因为这是迈德医疗科技公司最初批准该项目的唯一原因！他认识到他必须从预期的商业收益开始。最重要的是，收益应包括项目完成后成本的节约或收入的增加。

公司通常会以多种方式来设计其商业论证模板，迈德医疗科技公司的商业论证模板包括以下内容。

- 公司批准该项目的商业原因——通常是项目试图解决的问题或试图实现的绩效提升。

- 在解决问题或满足绩效需求时需考虑的选项（因为解决问题的方法通常不止一种）。

- 公司希望通过"振兴项目"的成功获得有形收益（在本章后面，你将看到这些收益需要被明确地测量）。

第1章 通过有效的沟通将项目与战略联系起来

- 高层级风险的简要分析（第12章将对此进行更深入的讨论）。

提供预算的成本概述和制订关键里程碑日期的进度计划也是商业论证模板的一部分。所有这些都很重要，因为罗德必须在项目过程中多次传达这些信息。他认识到，如果不提醒，随着时间的推移，大家就会忘记。他需要确保将所有关键想法都传达给项目团队成员。

大多数项目的商业论证都包括成本/收益分析。通常，一个项目如果仅依靠一项关键收益来证明其合理性，风险会很大。为什么？因为大多数项目都有若干项收益，如果一项收益没有实现，其他收益仍值得期待。罗德参加了大多数公司和项目经理都参加的课程：他假设迈德医疗科技公司不改变任何事项（如没有CRM系统，也没有尝试改进对现有客户的交叉销售），然后研究了前面所提到的解决问题的潜在选项。

进行可行性研究

迈德医疗科技公司的高管要求项目经理罗德和其主要团队成员进行可行性研究，以查看该项目从经济或商业角度来看是否有意义。该研究的目的是识别可能阻碍项目成功的问题，换句话说，确定项目是否具有良好的商业意义。可行性研究中开发的信息为构建与商业收益相关的数据提供了良好的输入。

> **定义**
>
> 可行性研究是用于决定是否实施特定项目的总体性评估。

开展"振兴项目"的可行性研究

对于迈德医疗科技公司的"振兴项目"，需要罗德·汤普森回答一些非常具体的问题。

Communications Skills for Project Managers

1．我们如何知道客户会购买更多公司可以提供的产品？我们能否获得正确的信息来回答这个问题？

2．为什么我们相信自己有能力交付"振兴项目"？CRM技术是正确的解决方案，还是有更合适的其他解决方案？

3．作为项目经理，你是否有能力管理与该项目相关的风险？到目前为止，你已识别出了哪些风险？

4．为"振兴项目"开发CRM解决方案，你估计需要多少成本（包括许可费、经营成本、数据分析等）？投资回收期是多久？迈德医疗科技公司将通过这项投资获得什么样的回报？

罗德知道有很多公司启动了重大项目，最终却因为没有进行适当的可行性研究而将数百万美元付诸东流。思考一下大型计算机制造商戴尔公司的企业资源规划（Enterprise Resource Planning，ERP）软件项目，该项目承诺向运营业务的所有信息管理人员提供即时访问。戴尔公司尝试了很多次，试图让系统按照定制的要求工作。最终的结果是，戴尔公司放弃了这个投资超过5 000万美元的项目！

> **箴言**
>
> 如果商业利益的可行性因任何原因消失，则项目应该停止。例如，如果迈德医疗科技公司对实施CRM所需的资金和时间的假设是错误的，实际上会花费三倍的资金和时间，那么迈德医疗科技公司可能会决定立即停止该项目。

罗德想避免类似的错误，所以他明白在管理团队投入项目之前，需要明确定义一些要点。

- 识别项目需求，以及利益相关方和用户预期的可衡量收益的目标。
- 明确定义的范围。
- 业务利益相关方尤其是领导团队对完成项目所需时间的承诺。

- 对时间表、资源需求、成本的粗略评估。

提前完成这些工作让罗德的项目更具可信度和可管理性。

明确的项目目标对每个人都有意义

戴尔公司的故事说明了一个重要概念，那就是为你的项目设定适当的目标：设定一个切合实际的目标，否则你可能无法实现它。以下是有关设定项目目标的其他建议。

- 你承接的任何项目都必须有一个总体目标，让人们在某种程度上获益。如果一个项目对某人没有益处，他为什么要费心呢？另一种看待该问题的方法是确保项目目标阐明了完成该项目将如何使事情变得更好。你应该向利益相关方和终端用户清楚地描述项目成果和收益。

- 仔细考虑项目目标，甚至考虑最明显的问题，以确保这个想法真的像人们认为的那样好。

- 项目目标应提供评估项目成功与否所需的标准。这些标准包括衡量实现预期成果所需的时间、成本和资源。

- 在进入项目的下一阶段之前，与核心团队一起审查项目目标并达成共识。

当然，如果公司的项目目标设立得不恰当，你可以使用项目管理技术，从而完成一些事情，但你可能无法做任何有用的事情。例如，对信息技术（Information Technology，IT）项目最大的抱怨之一是终端用户认为这些项目是在浪费时

> 明白自己一生所追求的目标是什么非常重要，因为这就像弓箭手瞄准了靶子，我们会更有可能得到自己想要的东西。
>
> ——亚里士多德

间。IT部门经常对这种说法感到困惑。在一个软件应用项目中（作为一个典型的例子），IT人员通常会非常确定地指出，该软件的工作原理与广告上宣传的是一样的。但问题通常集中在人们不知道如何使用这套软件来完成工作这一事实上，或者他们不相信这套软件能让事情变得更好。结果，这套软件很快就变成了"摆设"，因为它从来没有真正被投入使用。该项目成功了吗？从技术的角度来看，如果该软件按照规定的方式运行，那么项目就是成功的。然而，从实践的角度来看，项目是失败的。如果你的主要客户不喜欢你为他们生产的产品，那么无论技术上是否可行，该项目都是失败的。

每个项目的主要目标

每个项目都有三个主要目标。

1. 创建某物（如产品、流程、组织、建筑物或其他可交付物）。

2. 在特定的预算框架内完成。

3. 在商定的进度内完成。

除了以上这些目标，还有其他必须阐明并明确定义了项目的目标。例如，仅以"制造一款中等价位的跑车"为目标是不够的。一个更合适的目标是"制造一款中等价位的敞篷跑车"，并且这款跑车：

- 油电两用。

- 质量对标沃尔沃C70。

- 售价比所有同类汽车低10%。

- 提供特定功能以满足竞争需求，如防抱死制动器、地图导航系统、车载互联网接入和电动敞篷车顶。

- 可在2022年度销售。

- 本土工厂制造，但由国际著名工程师设计。

> **风险管理**
>
> 接手别人的项目可能很困难。如果你没有参与目标的设定过程，请在接手这个项目之前仔细查看项目目标。要确保目标完整且规范。如果目标有所偏离，请与发起人或其他主要利益相关方一起审查并修改。如果你没有这个机会，请考虑拒绝这个项目。与其为一个定义不明确的项目负责（以后可能会被指责），不如拒绝这个工作机会。

以上要点可能被描述为需求。需求是项目为履行合同或其他协议（如项目章程）而必须满足的状态或属性。

迈德医疗科技公司"振兴项目"的目标被定义为安装一个可用的CRM系统，用以：

- 准确地获取所有客户的档案信息（如地址、位置、关键人员）。
- 创建报告，使管理团队和营销团队能够分析每名客户的：
  — 购买历史及奖励折扣是否会影响其购买模式。
  — 未来的购买趋势，作为市场营销和研发小组的输入及未来产品开发的预测指标。
  — 信用度，以及与其相关的购买趋势。
- 便捷地检索所有包含与每名客户的购买行为相关的条款和条件的合同。

决策团队决定尝试从旧系统中加载所有历史数据，但这将超出"振兴项目"的范围。他们做出的试图重建过去的决定的成本相比该决定可能带来的潜在价值，实在太昂贵了。

从管理团队那里获取关于项目范围、可行性及预期收益的信息对于"振兴项目"的成功至关重要。然而,许多项目经理很难获得这类支持。

本章要点:

- 所有项目都会改变业务运作的方式。
- 始终将沟通重点放在预期收益上。
- 可行性研究实际上就是回答有关项目的4个具体问题。
- 确保能够明确地定义目标并得到领导层的批准。

在第2章,让我们看看罗德·汤普森如何通过沟通来获取他实现项目成功所需的领导层的参与。

第 2 章

培养领导力

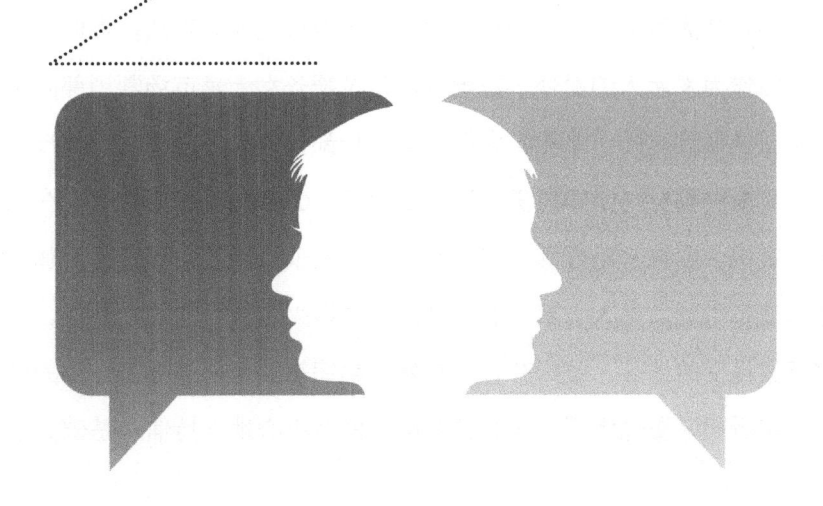

在第1章，我们看到了罗德·汤普森在启动"振兴项目"时收到的信息——项目目标、确定的收益和明确的范围定义。

PMI对项目的关键成功因素进行了多项研究。几乎所有人都得出了一个结论：领导层的领导力和支持至关重要。为什么？因为项目团队会对老板觉得很重要的工作做出回应。那么，项目团队如何确定什么对老板来说是重要的呢？他们会读取信号：注意老板日常谈论和关注的内容。如果考虑自身的情况，你可能也会用到这个基本技巧。

领导层应该如何参与

尽管领导层很少有时间了解有关活动和任务的细节，但对项目经理而言，明确具体的角色和职责很重要。在项目期间的某些特定时期，项目经理必须与领导团队沟通，他会呼吁领导者积极参与，传递特定的信息，或者在项目遇到困难时进行干预。例如，如果你需要一位领导者向组织传达期待人们对项目做出承诺的重要信息，他应该愿意这样做。

下面是迈德医疗科技公司的一个例子：项目经理需要CEO传达的一条信息是领导团队对"振兴项目"的承诺，并且他们希望所有员工都做出同样的承诺。CEO必须让大家知道这个项目对他个人来说很重要。当然，类似的信息还可能来自作为发起人的丽莎·拉姆齐。但拉姆齐女士是市场营销部副总裁。谁会真正注意到这条信息呢？大概只有市场部！但是，迈德医疗科技公司的每位员工最终都要对CEO负责。这就是为什么CEO必须传达信息。在我们的案例研究中，罗德·汤普森（"振兴项目"的项目经理）和安妮·加西亚（沟通和变革管理负责人）精心制作了关于"振兴项目"的初始公告，然后他们将草案提交给丽莎·拉姆齐，并与她一起编辑。他们与丽莎合作的目的是，让草案听起来更像组织能理解的言辞，同时小心地维持信息基础。这

第2章 培养领导力

是决策团队成员在整个项目中所有的沟通遵循的模式。

罗德、安妮和丽莎编辑完信息后，将其提交以供审核。在迈德医疗科技公司，协议规定所有来自CEO的沟通都必须由公司沟通专员进行筛选检查。遗憾的是，公司沟通部门研发的大部分材料与"振兴项目"所需要的大不相同。因此，罗德和安妮不得不做一些工作让沟通部门相信这些材料的风格没能传达他们所需要的信息。通过回顾目的和权力的基础概念（该内容将在第5章中讨论），罗德他们说服了沟通部门，CEO几乎没有做任何修改就批准了草案，并发送了一封关于"振兴项目"的邮件。邮件内容是这样的：

致：全体员工

来自：唐纳德·迪尔伯恩

我很高兴地宣布，我们已决定在迈德医疗科技公司实施CRM系统。我们正在寻找一个可用的系统，使我们能够准确地获得客户的资料信息（如地址、位置、关键人员和其他信息）并生成报告，使管理团队和营销团队能够分析每名客户的历史购买记录及奖励折扣是否会影响他们的购买模式。我们还希望使用该系统了解客户未来的购买趋势，将其作为营销和研发团队的输入，使其成为未来产品开发的预测指标。

在当今经济困难时期，我们还需要便捷地检索所有合同，以快速访问客户信用度和与其相关的购买趋势，包括与每名客户的购买行为相关的条款和条件。

我代表迈德医疗科技公司的领导团队，表达我们对"振兴项目"的支持，并向工作委员会成员和项目团队对他们迄今为止所提供的支持表示感谢。

最后，感谢你们对项目的支持。随着项目的推进，我们将在本公告后进行进一步的沟通，为你们提供更多的细节。

正如你从这封邮件中看到的那样，这是领导团队必须发出的信息之一，这样才能产生获取必要支持所需的影响力和可信度。

因此，项目经理必须制订详细的沟通计划（见第10章），以向领导层强调他们应何时根据要求去发送特定的信息，以及强调他们是参与沟通计划的关键人员。如果领导者理解了自己可以如何为项目做出贡献，并明白为什么来自他们个人的信息很重要，他们通常是非常愿意与组织沟通的。

但是，请使用与罗德相同的策略。如果你沟通能力很强，这通常意味着你需要草拟该信息，或者至少提供一份可以让高管传达的草案。（如果你沟通能力一般，可以由项目团队中的某个人来执行。）

风险管理

在大多数情况下，公司领导者都希望自己能查看和编辑公告，使其看起来更符合自己传达信息的方式。只要基本思想保持不变，这也没有错。如果领导者（或公司沟通专员）不顾核心内涵，完全以自己的意图编辑公告，你可能需要更好地向他解释你要完成的工作，并让其了解风险，以及偏离你已编写好的内容（方式）可能产生的后果。

如果项目团队中有沟通专家来编写该信息，你可能需要让他参与对话。专家可能有更好的机会解释所起草的公告的措辞和所使用方法的意图，尤其是在他起草的情况下。

此外，许多项目经理在规划和执行项目的过程中都要应对多层级的管理。众所周知，在变革时期，迈德医疗科技公司的中层管理者是出了名的难打交道，"振兴项目"也不例外。造成这种困难的原因相当经典——这些中层管理者是管理公司大部分工作的人。还记得第1章关于经营业务和变革业务的两个箭头吗？经理们只专注于经营业务，而"振兴项目"来自变革业务议程。如果经理们不理解或看不到高管变革决策的明确指示，他们就会认为是否服从是可以选择的，而不是强制性的。在这种公司政治中，有时需要迈德医疗科技公司内部高管的帮助。有时，有些中层管理者会质疑项目，这可能既是为了看到决策团队的承诺，也是为了质疑某些正在制定的业务决策。任何项目经理都无法应对来自中层管理者群体的挑战。

在"振兴项目"实施期间，出现了这样一个问题：如何处理客户的特殊订单请求？销售部门的经理希望快速、有效地完成订单以满足客户的需求，并希望通过对客户请求表现出优秀的响应能力来建立良好的信誉。但是，仓储和运输部门的经理坚持只有先在现有政策范围内完成正确的文书工作，然后才能授权并对订单进行发货。显然，项目团队需要解决这样的冲突。正如罗德和负责人宝拉·达尔伯格（你将在本章后面了解有关负责人的更多信息）向领导团队解释的那样，项目团队可以提供任何一种解决方案，但他们需要领导团队的帮助才能知道该走哪条路。项目团队在没有方向的情况下不适合做出决定。领导团队需要帮助项目团队解决这种情况。不出所料，领导团队支持销售部门。他们指示项目团队与销售、仓储和运输部门合作，为上述情况制定一个快速流程，其中一条明确的信息是文书工作不会妨碍客户下订单。

为领导层提供脚本

尽管一个成功的项目离不开领导层的参与，但让领导层参与并不总是那么容易的。管理咨询公司Blessing White报告称，在他们的调查中，有近一半的高管将领导团队的组织变革评为极其困难的或非常具有挑战性的。我的公司——MCA国际，确定领导项目变革的最佳方式之一是识别项目中关键角色的关键人员。图2.1为这些关键角色之间的关系模型。这个模型表明项目团队和工作委员会有不同的角色,但他们都对发起人负责。

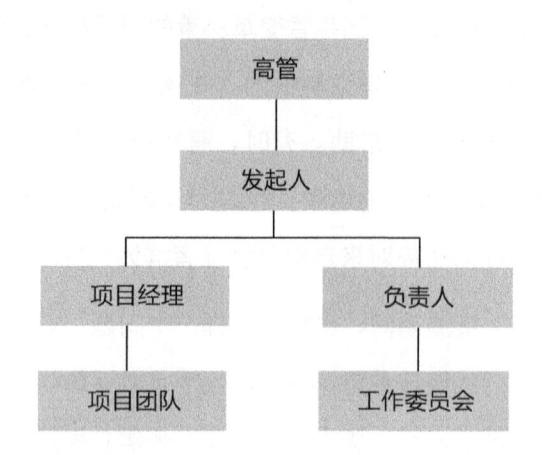

```
        ┌──────┐
        │ 高管 │
        └───┬──┘
            │
        ┌───┴──┐
        │发起人│
        └───┬──┘
       ┌────┴────┐
   ┌───┴──┐  ┌───┴──┐
   │项目经理│  │负责人│
   └───┬──┘  └───┬──┘
   ┌───┴──┐  ┌───┴────┐
   │项目团队│  │工作委员会│
   └──────┘  └────────┘
```

图 2.1　各关键角色之间的关系模型

1. 发起人:对项目成功负有责任和问责的终极权力,负责沟通并领导"振兴项目"。

2. 负责人:确保"振兴项目"的商业价值在迈德医疗科技公司内得以实现,并负责与业务部门就"振兴项目"的进度进行沟通。

3. 工作委员会:成员来自公司业务部门,他们将对交付项目的商业收益负责。

关于发起人的角色,其他书籍及项目管理知识体系(PMBOK®指南)中有很全面的介绍,此处不再详述。然而,正如大多数管理过项目的人所认识的那样,让发起人在整个项目中保持长期参与通常是非常困难的,他们通常会在项目的关键时刻为你提供帮助。这就是本书重点介绍负责人这一额外角色的原因。负责人的最佳人选应具备以下使项目成功的关键特征。

- 首先,也是最重要的,他得到了发起人的信任,能够向高管提供有关项目的清晰、明确的信息,同时向高管传达好消息(或坏消息)及寻求帮助。

- 其次，他应该对项目给各个业务部门带来的影响有广泛的了解。最成功的负责人通常是主管级别的人员，他们在组织的各个环节处理运营任务。

- 他担任工作委员会的主席并领导该小组。

- 他与发起人一起解决跨职能问题。例如，在审批流程中，销售部门想提高特定客户的信用额度，但信贷部门显然倾向于降低该客户的信用额度。每个部门都有不同的领导者，必须有人来处理问题并确定解决方案。

认识主要参与者

发起人：丽莎·拉姆齐，市场营销部副总裁

负责人：宝拉·达尔伯格，营销和客户服务总监。

营销和客户服务总监宝拉·达尔伯格符合迈德医疗科技公司的所有这些标准。她被丽莎·拉姆齐选为负责人。

发起人的角色包括：

1. 对项目的成功拥有最终的权力和责任。

2. 为项目提供支持和指导。

（1）批准项目商业论证。

（2）批准项目计划和工作说明书，以与公司的总体目标保持一致。

（3）协助制定项目政策和流程。

（4）批准项目的可交付物。

（5）批准项目范围的变更，并根据需要为变更提供额外的资金。

3. 监督项目的进展。

（1）持续监督项目预算和进度。

（2）管理与高管层就项目进展进行的沟通。

（3）向高管层上报相关问题，以便及时做出决策。

4. 与负责人合作。

（1）为项目做出商业决策。

（2）根据需要为项目提供所需的资源。

（3）保护项目不受公司政治的影响。

（4）解决冲突。

负责人的角色包括：

1. 最终负责确保"振兴项目"的商业价值。

（1）与资产项目经理合作，了解公司内部项目成功所需的变革类型。

① 在做决策前评估各种选项的影响。

② 充当资产内整体流程设计的审批机构。

（2）与公司内的主题专家合作，识别公司项目风险并确定降低风险的策略。

（3）保证发起人的适当参与。

① 对于需要项目发起人采取行动或干预的问题，承担上报的责任。

② 酌情与项目发起人积极地沟通风险及降低风险的策略。

（4）协调和批准CRM的培训内容。

① 批准项目经理准备的培训内容。

② 协调人员参加培训的可行性。

（5）展示项目的商业价值。

① 协助项目经理制定绩效衡量标准和指标，以跟踪和展示商业价值。

② 在项目结束时掌握绩效评估系统和指标。

2. 为项目团队和公司之间的双向沟通提供对接。

（1）作为项目关键业务的沟通者。

① 保持最新状态并传达关键项目信息。

② 了解项目状态、问题和后续步骤。

（2）识别公司内其他有影响力的领导者，并定期与他们商议以试探其想法。

（3）处理公司内部的跨职能问题。

（4）将主要精力放在销售项目上。

① 向公司宣传CRM数据的好处。

② 捕捉成功故事以在公司内外部分享。

（5）当影响项目的关键变化变得明显时，通知公司。

（6）向个体解释这些关键变化，以确保他们理解并认识到这些关键变化的影响或好处。

① 识别"落后者"，如那些抵制变革的人，并理解他们为什么抵制。

② 了解并报告公司内部影响项目的任何其他因素。

（7）出席并积极参与项目会议。

从上述角色描述中可以看出，对发起人和负责人来说，他们的一个关键角色是沟通者。事实上，作为项目经理，罗德·汤普森起草了项目团队向组织提交的大部分沟通信息，如电子邮件、公告和演示文稿。然而，这些重要的沟通信息来自整个项目团队，而不是罗德个人，这一点非常重要。当你查看第5章中的利益相关方分析（PMI将利益相关方定义为对项目成功拥有既得利益的所有人）时，你会发现关键问题之一是应该由谁来传递信息。在大多数情况下，项目团队之外的沟通应该由发起人或负责人提供，这一点稍后会详细介绍。

任命负责人后，丽莎和罗德帮助宝拉确定了哪些人应该成为工作委员会的成员。为了帮助大家了解谁将参与"振兴项目"，罗德制定了组织架构（见图2.2），并在丽莎签字之后予以发布。

振兴项目

- 丽莎·拉姆齐，市场营销部副总裁、项目发起人
  - 宝拉·达尔伯格，项目负责人、工作委员会主席
    - 工作委员会
      - 里兰·奥尔森，总控
      - 凯莉·詹金斯，客户关系经理
      - 恰克·斯温德尔，供应商管理和联系人
      - 加里·斯泰尔斯，销售部经理
      - 华尔特·费雪，制造部经理
      - 丹·科恩，IT部总监
  - 罗德·汤普森，项目经理
    - 安妮·加西亚，沟通专家和变革管理负责人
    - 保罗·瑞恩，首席商业分析师
    - 约书亚·拉尔森，技术团队负责人
    - 卢克·约翰逊，IT部门联系人

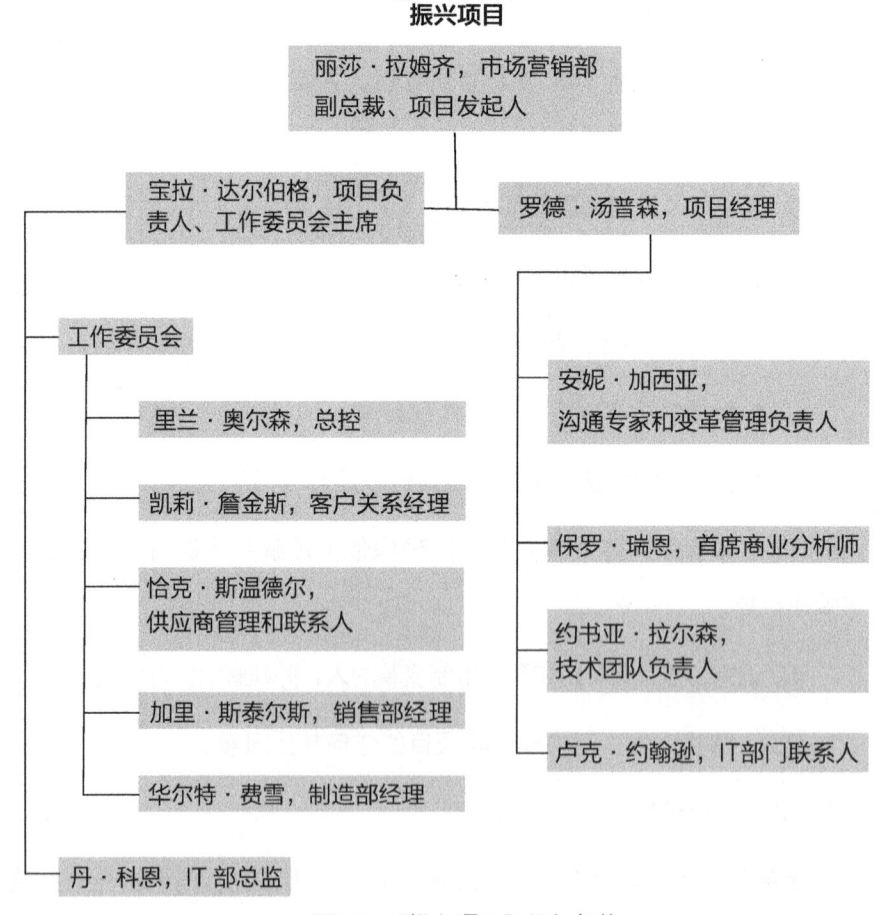

图 2.2 "振兴项目"组织架构

组建工作委员会和工作组

罗德·汤普森，一名成功的项目经理，他认为工作委员会和工作组成员是他的项目团队的重要延伸。首先，他对受项目结果影响的关键人员进行了利益相关方分析。组建工作委员会和工作组有几个考量因素。如前所述，罗德与丽莎和宝拉（发起人和负责人）合作，以识别并向公司提名最佳关键人员。遗憾的是，这些人经常被要求在其他项目上担任以上类型的角色，因为他们非常出色且受到尊重。罗德向丽莎和宝拉解释说，缺乏领导层支持的一个关键迹象是领导层不愿意为这些人提供参与"振兴项目"的机会，这是一个非常冒险的策略。罗德确定自己不会因为某个人"有空"而让他参与到项目中来，因为通常情况下，让某个人参与项目是有原因的。

在工作委员会组建完成后，将受"振兴项目"变革影响的各个部门或小组强制拉进来非常重要。工作委员会的基本任务是考虑项目团队提出的各种方案，并就应该实施哪个方案做出决策。

> 工作委员会和工作组最大的区别是，工作委员会应该在整个项目过程中保持完整，而工作组被用来解决一个特定的事项或问题，然后解散。

所以，在本书的"振兴项目"案例研究中，你可以看到几乎每个部门都受到该项目的影响。因此，项目经理确定了来自销售部、市场部、IT部、会计部、制造部和采购部的关键角色。实际上，这些人代表了公司内部的一群"支持者"，他们需要意识到这一角色，而这一点正是罗德·汤普森在启动工作委员会时对他们的定位的一部分。当项目团队探索实施名为"振兴项目"的CRM解决方案的方法时，团队被告知要让关键成员定期参与影响业务变革的讨论。

> **风险管理**
>
> "振兴项目"工作委员会：
>
> 总控：里兰·奥尔森
>
> 客户关系经理：凯莉·詹金斯
>
> 供应商管理和联系人：恰克·斯温德尔
>
> 销售部经理：加里·斯泰尔斯
>
> 制造部经理：华尔特·费雪
>
> IT部总监：丹·科恩（若需）

项目团队与工作委员会的沟通

工作委员会中的一些成员会提出的关键问题之一是："为什么这个小组要在项目过程中扮演沟通工具的角色？"这是一个很好的问题。答案是这样的：他们可以让别人了解项目正在做什么，他们将被要求遵循一个有关他们的支持者的决策过程（该过程将在第7章详细说明）。在迈德医疗科技公司的"振兴项目"中，罗德获得了工作委员会成员的同意，即在做出与"振兴项目"变革可能相关的任何关键决策之前，项目经理将要求工作委员会与他们的支持者对其想法和担忧进行讨论和投票。在做出决策之前，这些信息将被带回项目团队进行讨论，然后解决所有这些问题，并且团队可以根据完成业务的最佳方式（而不是华而不实的技术解决方案）做出决策。这个过程有助于罗德的项目与业务和商业气氛保持一致。如果在项目过程中商业气氛或环境发生变化，工作委员会便会察觉并可以向项目团队发出合理的警告。

> **风险管理**
>
> 请注意，有些工作委员会成员不会讨论或通知他们的成员，而是尝试自行做出决定。这确实违背了工作委员会的宗旨。为了防止在"振兴项目"中出现这种情况，罗德·汤普森与不同部门的人建立了独立的关系。他定期找他们交流，以摸清他们从工作委员会成员那里听到的内容及他们对该项目的了解程度。这一方法取得了很好的效果，而且针对那些未对他的关注点进行良好沟通的工作委员会成员，他能够提出具体问题，并提供具体示例。

这种安排的精妙之处在于，工作委员会会时刻传达有关项目进展的消息。在做出决策后，如果支持者对其中的决策持反对意见，工作委员会成员可以随后为该决策进行辩护。最终，传达重要信息最有效的沟通媒介来自工作委员会内部人员，那些受该项目影响的群体都信任他们，并相信他们是在为大家的利益着想。

项目团队与工作组的沟通

工作组通常是工作委员会的一个下属机构，但通常也包括具有特定知识或专长的其他成员。图2.3为工作组的配置。从这张甘特图中可以看出，工作委员会贯穿整个项目，工作组完成任务后即解散。工作组通常会处理两种类型的问题，其中一种问题表现为以下两种情况。

1. 只影响一小群人。

2. 发现项目范围之外的不良商业行为。

下面以迈德医疗科技公司的"振兴项目"来说明这两种情况。

任务	2008				2009			
	Q1	Q2	Q3	Q4	Q1	Q2	Q3	Q4
工作委员会								
工作组#1								
工作组#2								
工作组#3								
工作组#4								

图 2.3　工作组的配置

对于第一种情况（只影响一小群人），在"振兴项目"中，项目团队遭遇了销售部与会计部之间的冲突。冲突点是必须确保在CRM系统中输入准确信息的重要性。销售部的立场是他们想把时间花在推动销售和识别潜在的销售机会上。他们不想将数据输入计算机。他们认为这些任务相对不重要，即使他们认识到准确的信息可以帮助他们发现更多的机会。而会计部必须拥有准确的数据和信息才能完成公司的财务报告，更不用说从客户那里及时收到款项了。他们抱怨说，在原有方式下，他们花费了太多时间来纠正输入错误及对账。

在这种情况下，工作委员会的其他成员不需要参与讨论所有的细节，因此项目经理罗德创建了一个工作组，其中包括来自销售部和会计部的代表及4个其他关键人员。该小组负责探讨各种方案，并向全体工作委员会成员提出了两项建议。

- 保证端到端流程有效性所需的最少信息。
- 谁将数据输入CRM系统及为什么。

项目经理还要求提供支持这两项建议的理由。这是让工作组成员思考他们如何解释决策的一种方式。（巧合的是，项目经理拥有围绕决策进行沟通的内容！）

你可以看到这种方法在传达与数据输入相关的项目决策方面的价值。之后，如果会计部员工抱怨缺乏信息或销售部抱怨将订单输入CRM系统太麻烦，你可以提醒他们是他们的同事做出了该决策。这得到了工作委员会全体人员的认可，并得到了高管层的批准。这是一个强有力的信息，由各团队中具有可信度的合适的人员传达。

对于第二种情况（发现项目范围之外的不良商业行为），在"振兴项目"中，项目团队了解到，将合同从销售部转移到制造部以安排订单的关键问题之一是法律部门审查合同的时长。很明显，"振兴项目"不应牵涉法务部内部潜在的流程问题。因此，项目经理去找负责人，鼓励他组织一个由销售部、法务部和制造部组成的工作组来处理这个问题。这一行动意味着该问题立即被排除在工作委员会和项目团队的工作范围之外。负责人现在负责完成这项工作。这一行动的另一个主要好处是解决了影响客户响应的重要业务问题。

在这两种情况下，工作委员会和工作组都充当了主要沟通工具的角色，针对项目中的问题寻求解决方案并制定决策。这并不是说在项目中不再需要直接与关键利益相关方沟通——任何项目经理都必须确保多重沟通的持续进行。但是，通过使用这种方法，沟通工作将变得更加容易。

最后，你必须意识到成功实施项目的最大潜在障碍是公司内部的中层管理者。如果你仔细想想，这完全是有道理的——中层管理者是组织中的关键。你必须让这些中层管理者充分了解情况，以便了解并警惕他们对项目可能存在的担忧。工作委员会成员是与中层管理者沟通的完美人选。如果"振兴项目"的项目经理听到一些制造部主管对项目的担忧，还有谁比工作委员会的制造部代表更适合和项目经理一起去与他们沟通呢？我们将在第5章详细讨论如何与中层管理者合作，以及如何在制订沟通计划时草拟信息。在第

11章,你将看到如何使用沟通计划来解决潜在的项目风险。

本章要点:

- 识别并确定领导层需要如何参与到你的项目中来。
- 向合适的领导者提供有关你何时拜访他们的脚本。
- 成立一个工作委员会来做出与项目相关的商业决策。
- 确定一位能够领导工作委员会的负责人,他可以保证领导层的参与(必要时)。

但首先,每名项目经理都要确保自己所从事的是正确的项目!这要求项目经理拥有非常明晰的项目章程和工作说明书。第3章将演示如何编写项目章程。

第 3 章

编写项目章程

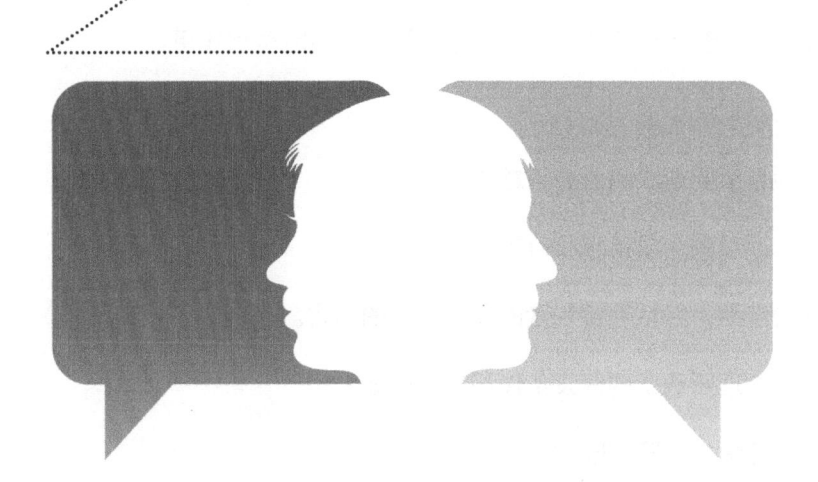

PMI的项目管理知识体系（PMBOK®指南）确定了项目章程中的几个关键输入，如项目试图解决的问题、项目成功所需的合同要求。我们公司的专业之一是帮助出错的项目回到正轨，以交付价值。在分析哪里出了问题的过程中，我们几乎无一例外地发现人们对项目应该交付的内容存在混淆——通常是项目经理与项目的一个或多个关键利益相关方之间的误解。防止这种情况发生的关键之一是将项目章程作为与关键利益相关方（尤其是发起人）的沟通文件，发起人提供资金并对业务结果负责。有经验的项目经理都知道，项目章程是授权项目推进及授权公司为此投入时间和金钱的正式文件。很多时候，项目章程制定之后总是被搁置，再也没有被提及。本章结尾提供了罗德·汤普森为"振兴项目"编写的项目章程。文档中最重要的部分是他如何编制其中的内容，以及他如何使用这个过程作为项目的沟通工具。

该项目章程提供了用正常语言编写的工作描述。在本章的最后一部分，你将得到一些编写章程的技巧和建议，以使其成为你的沟通工具。罗德·汤普森发现使用章程是与主要利益相关方讨论项目商业成果的好方法。正如你在本章前面看到的那样，它成为罗德与负责人宝拉·达尔伯格、发起人丽莎·拉姆齐合作的很好的工具，以澄清项目要解决什么业务问题。后文的表3.1列出了"振兴项目"的项目章程。下面将讨论典型的项目章程中的要素（见图3.1），并确定它们在与主要利益相关方沟通时有何作用。

- 合同。
- 对项目所要解决的业务问题的陈述。
- 启动项目的主要目标和目的。
- 项目范围，包括项目包含的和未包含的内容。
- 项目经理所确定的假设条件和制约因素。
- 早期评估的风险和收益。

- 项目的预算和进度。

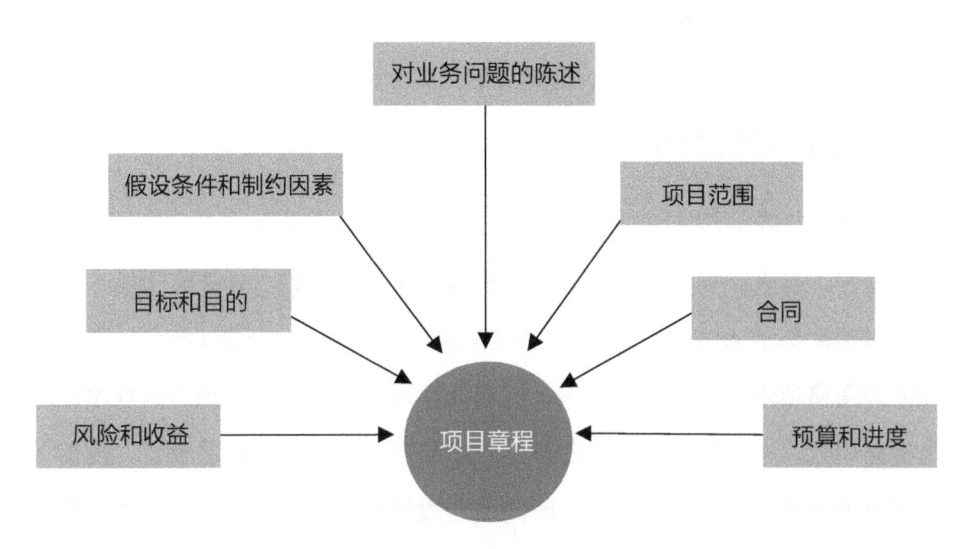

图 3.1 项目章程中的要素

如果你在为自己公司以外的人实施项目，你可能会将章程草案作为合同的一部分。在其他情况下，对计划的请求可能来自组织内部，但在各方的运作方式上存在隐性合同，所以下面先从合同开始阐述。

合同

协议文件（如果有与项目相关的文件）显然是项目经理在开始任何项目计划之前应该审查的首要文件之一。合同将明确规定向公司以外的客户交付项目时必须满足的要求和条件。然而，合同在帮助项目经理沟通目标方面的作用通常是有限的，因为它们是由律师编写的，也是为其他律师编写的。这不是批评，事实如此。合同是用具有法律意义的语言编写的，在日常使用中可能有完全不同的含义。作为项目经理，你需要尽最大努力去理解合同，但你的工作是将其"翻译"为可以用来塑造和定义项目的内容，以便公司中的所有人员都能够理解和交流项目的基本原理。关键是"翻译"，这并不总是一项容易的工作，但对项目计划和沟通来说是必要的工作。因此，合同成了制定项目章程的关键输入。

对业务问题的陈述

使项目与商业需求保持一致的最佳方法之一，就是用你自己的语言将业务问题表达出来。换句话说，按照你的理解来解释问题。如果你不能，那就与可以帮助你的人进行交谈，这会很有用。如果回想一下第1章——通过有效的沟通将项目与战略联系起来，你就会发现公司批准一个项目的根本原因是提高绩效。在业务问题陈述部分，我们希望确保建立这种联系，并以简单而直接的方式做到这一点。我花时间写这段话的价值在于，如果你对问题的某个重要方面有所遗漏，你可以与负责人或发起人展开讨论，以获得更清晰的信息。但是，如果他们偶尔不能很好地阐明问题，请不要感到惊讶。

在迈德医疗科技公司的案例研究中，项目经理罗德·汤普森对业务问题进行了以下陈述："我们正在使用'振兴项目'来更好地了解我们的客户及其购买需求。"负责人宝拉·达尔伯格认为该陈述过于含糊，建议将其更改为："我们正在使用'振兴项目'来跟踪和挖掘客户数据，以便我们可以与他们一起发展业务。"在与发起人丽莎·拉姆齐一起审查了对业务问题的陈述后，宝拉在该陈述的末尾添加了这些话："……并识别他们未来可能需要的产品和服务的机会。"

如你所见，对业务问题陈述的设定使负责交付项目商业价值的三个关键人员（项目经理、负责人和发起人）之间按顺序进行沟通和对话。他们的讨论能帮助每个人了解其他人员对该项目的看法，并最终让他们在刚开始工作时就这个重大项目要解决的业务问题达成一致的看法。对业务问题的陈述从一个含糊不清的句子（罗德·汤普森的初稿）变成了更完整、清晰甚至有点励志的描述（由负责人宝拉·达尔伯格和发起人丽莎·拉姆齐提供）。如果没有这个过程，他们可能需要几个月的时间才会发现他们的计划与项目的结果并不完全一致。对业务问题的陈述还能将高管层吸引到项目中来，并保持他们的参与度。

目标和目的

本杰明·富兰克林说过："没有做好准备，你就是在为失败做准备。"这里的要点是，章程和成功实施项目的准备工作决定了如何衡量项目成功。为项目建立明确的目标和目的将有助于每个人了解他们在项目结束时将如何被评判。

"振兴项目"的主要目标

每个项目都有三个主要目标。

1. 创建某物（在本书的案例研究中是一个CRM系统）。

2. 在特定的预算框架内完成。

3. 在商定的进度内完成。

除了这些目标，还有其他指定的目标，这些目标实际上定义了项目。迈德医疗科技公司的"振兴项目"的目标被定义为安装一个可用的CRM系统，用以：

- 准确获取所有客户的档案信息（如地址、位置、关键人员）。
- 创建报告，使管理团队和营销团队能够分析每名客户的：
  — 购买历史及奖励折扣是否会影响其购买模式。
  — 未来的购买趋势，作为市场营销和研发小组的输入及未来产品开发的预测指标。

— 信用度，以及与其相关的购买趋势。

- 便捷地检索所有包含与每名客户的购买行为相关的条款和条件的合同。

决策团队认为尝试从旧系统中加载所有历史数据将超出"振兴项目"的范围。他们做出的试图重建过去的决定的成本相比该决定可能带来的潜在价值，实在太昂贵了，这让决策团队不得不针对项目范围进行沟通。

项目范围

项目章程中的范围说明书清楚地定义了项目将做什么和不做什么。许多项目经理都认为，明确定义项目范围的关键之一是详细说明项目不包含的内容和包含的内容。这样做的理由是，大多数项目经理都会与他们的主要利益相关方就项目中包含的内容达成一致，但当涉及不包含哪些内容时，往往会出现分歧。例如，在本书的案例研究中，项目经理和负责人很容易就"振兴项目"包含的大部分内容达成一致，但他们很难就不包含的内容达成一致。项目经理认为该项目不包含客户因各种原因（如问题产品、计件有误、质量不合格）而退回产品的记录，因为他们有一个专门的系统来捕获这些信息。然而，负责人认为这是项目要捕获的基本信息，是项目范围的一部分。为了解决这个问题，他们开了三次会，但都没有成功，于是他们把争议上报到发起人那里。每次辩论后，发起人都会与领导团队分享信息。这些信息作为"振兴项目"的一部分，其优势很明显——它提供了有关客户如何从迈德医疗科技公司购买产品的更多详细信息。缺点是需要花费更多时间（同时也需要更多资金）才能将这些捕获的数据添加到CRM系统中。领导团队进行了讨论，并决定将返回的产品纳入项目范围。现在想象一下，如果项目推进了几个月，而CRM系统中捕获退回的项目没有任何进展，那会怎样？几个关键的利益相关方可能会感到不安，而这一切都是因为项目经理从一个不同的假设开始。大家对章程的讨论引发了一场阻止这种情况发生的讨论。

假设条件和制约因素

在章程的假设条件和制约因素这一部分中，列出了对项目完成所做的假设、限制项目的任何假设的细节或构成交互基础的协议。不要遗漏任何可能影响项目未来管理或成功完成的内容。

例如，在"振兴项目"中，罗德·汤普森编写了项目章程的初稿并与工作委员会分享。他的工作假设的前提是迈德医疗科技公司将购买CRM系统，"开箱即用"，几乎不需定制。然而，工作委员会成员、代表销售部门的销售部经理加里·斯泰尔斯表示反对。他坚持认为，除了标准的CRM系统中包含的功能，本项目开发的CRM系统还应包含更多功能。他还坚持认为，CRM系统的使用需要升级销售代表工作用的笔记本电脑。罗德是从这两个问题的对立面展开工作的。为了解决这个问题，罗德和加里都向领导团队介绍了自己的解决方案的好处及对方的建议对自己的影响。在讨论了该问题后，领导团队决定该项目不包含销售团队购买新笔记本电脑的费用。他们会从其他项目中为这笔费用留出预算（显然罗德获得了胜利）。然而，领导团队还指示罗德虽然可以对CRM系统进行修改，但不能是"重大"修改（这对加里来说是一个小胜利）。遗憾的是，他们没有准确定义什么是"重大"修改，因此罗德必须在非常少的指导下理解这部分章程。

如果你希望你的项目被视为一个成功的项目，则所有附带协议或离线协议都必须在章程中获得批准，此外，它们还需要被记录在"假设条件和制约因素"这一部分。至于"振兴项目"的假设，项目团队假设他们必须管理信息管理系统的全面改造，特别是硬件和数据连接。一个附带协议或离线协议的例子是，供应商建议在项目进度进行到约一半时，安排一个新的国际税务模块。协议是这样描述的:"如果该模块在项目完成之前交付,项目经理将向领导团队提供将模块改造到项目中所需的额外资金和时间的估算,并让他们决定是否在项目中包含该模块。"

风险和收益

在风险和收益部分,章程将根据对项目的早期理解,阐明项目所期望实现的商业利益和需要管理的风险。这里的收益更有可能是定性的而非定量的。项目经理可能会阐明一项收益,即在项目完成时,旧业务流程中的订单重复输入问题(销售系统中的第一个订单输入和制造系统所需的第二个订单输入)将被消除。然而,如果他试图提供一个确切的数字,如减少订单输入,相当于每个订单每周花费4小时,这项收益就是假设性的,人们很可能根本不相信。因此,项目经理最好只阐明只需要一次订单输入,并在项目的早期阶段保留它。

风险被定义为"对未能实现项目目标和目的的概率和后果的度量"。在项目的早期阶段,通常很难识别出项目的所有风险,但有些风险从一开始就很明显,这些通常是技术风险。例如,CRM系统并不会像供应商所宣传的那样工作。大多数项目经理——罗德·汤普森也不例外,关注这些风险并将它们写进项目章程。其他的则是商业风险,而这些风险并不那么明显。罗德和他的团队发现的一个商业风险例子是,即使CRM系统完全按照预期工作,销售代表也不会将其中的客户信息保持最新状态。但是,我必须识别一些我认为很多项目经理都会忽视的风险——商业风险,这些风险可能会影响产品或服务投入运营后的接受度。这些风险包括:

- 缺乏用户接受度:该项目已经实现了技术方面的承诺,但由于各种原因,用户拒绝使用它。

- 不适应新的商业环境：这将是一个很好的项目，用户也想使用它，但由于商业市场的变化，用户负担不起。

- 失去支持：如果一个项目失去了决策层的支持，整个项目可能会受到威胁。当新的高管被任命为关键职位或项目因某种原因失去财务支持时，可能会发生这种情况。

在制定风险评估策略时要记住的另一个要点是，你描述风险的方式应能帮助其他人理解这些风险及你为这些风险提出的应对策略。不要像编写风险登记册那样描述风险。这样的细节对项目章程来说太过详细了。这样想吧：你在项目章程中揭露的风险应该是宏观的，是那些可能会阻碍项目的风险。

预算和进度

正如你想象的那样，这部分内容只需要简单地说明你预计要花多少钱和多少时间来完成该项目。描述的详细程度将取决于商业需求，你应该与项目发起人、指导委员会或治理委员会核实这部分内容的详细程度。以后文表3.1中的"振兴项目"项目章程为例，预算为1 500万美元，项目持续时间为24个月。这就是该项目章程"预算和进度"这部分的详细程度。

编写项目章程的一些建议

商业世界正朝着编写易于阅读和理解的方向发展。甚至连政府部门的文件内容也越来越简单。发生这一改变的原因很清楚——简单的编写可以为读者和作者节省时间（见图3.2）。它会让你得到你想要的结果！

在每项描述中，你都应尝试简化书面文字，以便读者清楚地理解你的意思。关键的利益相关方——更不用说项目团队成员了，需要理解项目章程。

图 3.2　让项目章程容易理解的编写技巧

为了说明这一点，请阅读以下项目章程中关于从项目中获取收益的部分。

项目完成时建立的资产将有效地使所有重大风险转移给客户，作为对集团所有权的回报，计入有形固定资产，在租赁期限或预计租赁期限中较短的期限内进行折旧。资本化金额是租赁期开始时的净现值，在租赁期内不包括维修和保险等收入项目的最低付款额。根据此类租赁到期的未偿债务，扣除融资费用后，将被列为第三方贷款负债。租金付款的财务部分将在租赁期内计入当期损益。

如何才能使这部分内容更容易被理解？你可以简化文字表达，加上相应的措辞，以便除了会计师和律师，其他人也能够理解。

在编写任何文件时，无论是项目章程还是与项目相关的其他文件，你都需要牢记以下三点。

1. 要描述得具体而非抽象。

2. 使用短语而非一长串词语。

3. 使用短句。

以上三点中的任何一点都可以让读者快速切入正题。人们每天都受到各种形式的消息和书面材料的轰炸——最糟糕的是大量的电子邮件，因此人们不会花时间去进行费力的写作。这三点可以轻松地简化你的写作内容，并让读者与你进行精神上的碰撞。

罗德·汤普森为"振兴项目"制定的项目章程如表3.1所示。

表3.1 "振兴项目"的项目章程

主要内容	具体描述
对业务问题陈述	迈德医疗科技公司正在推行"振兴项目"，使我们能够将有关客户的所有信息集中在一个地方，以便更好地跟踪和挖掘我们拥有的客户数据，这样我们就可以和客户一起发展业务，并识别他们在未来可能需要的产品和服务的机会
目的和目标	• 准确获取所有客户的档案信息（如地址、位置、关键人员） • 编写报告，以便让管理团队和营销团队能够分析每名客户的： 　– 购买历史及奖励折扣是否会影响其购买模式 　– 未来的购买趋势，作为市场营销和研发小组的输入及未来产品开发的预测指标 　– 信用度，以及与其相关的购买趋势 • 便捷地检索所有包含与每名客户的购买行为相关的条款和条件的合同
项目范围	该项目的范围包括 CRM 软件程序的成功安装、实施和持续使用。该软件还将取代现有的程序来处理客户退货及退货原因事宜。该项目将不包含与销售部门相关的任何更改或建议
假设条件和制约因素	• 需要对信息管理系统，特别是硬件和数据连接进行全面改造 • 项目团队假设销售和营销人员更换笔记本电脑的预算不包含在该项目中 • CRM 软件只需稍做修改即可安装，以满足迈德医疗科技公司的需求，并且不包含任何重大的定制需求 • 供应商建议在项目进行到一半时安排新的国际税务模块。如果该模块在项目完成之前交付，项目经理将向领导团队提供将该模块改造到项目中所需的额外资金和时间的估算，并让他们决定是否在项目中包含该模块
预算和进度	• 预算：1 500 万美元，用于安装、授权和购买硬件 • 进度：从项目批准到完成需要 24 个月

本章要点：

- 项目章程是一种书面文件，用于与关键利益相关方沟通，以确保所有相关人员在项目一开始就保持一致意见。
- 项目章程的基本内容应包含项目经理与这些关键利益相关方之间的关键讨论点。

因此，制定项目章程是与主要利益相关方进行有效沟通的关键。然而，还有另一个关键群体需要沟通，而且要进行更规律和更清晰的沟通，那就是项目团队成员！在第4章，你将学习如何将本章所述的沟通方法用于与团队成员之间的沟通。

第4章

组建团队并沟通业务

第 3 章讲述了如何将项目章程用作与主要利益相关方的沟通文件。本章将介绍与项目团队成员相关的两个关键沟通方法。

1. 把团队成员作为与主要利益相关方沟通的媒介。

2. 了解与团队沟通的基础知识。

在考虑建立团队时，通常你要考虑以下因素。

- 谁有空？

- 他们有哪些技能和经验？

- 作为项目的一部分，他们需要扮演哪些角色（如技术人员、商业分析师）？

你可能会问自己另一个关键问题：我的一些关键角色（如技术团队负责人）是否能够与关键利益相关方建立联系并进行沟通？

罗德·汤普森在为他的团队配备人员时问了自己同样的问题。这是罗德希望卢克·约翰逊作为与信息技术组的联系人加入项目团队的一个关键原因。他知道卢克很受IT部主管丹·科恩的喜爱和尊重。罗德认识到随着项目的推进，"振兴项目"需要IT团队的帮助和协作。当项目工作开始时，卢克将是与IT团队沟通的关键人员，如构建CRM系统与丹的团队的数据管理部分之间的接口。卢克与这些技术人员沟通的能力可以防止因误解而产生问题，还可以帮助解决项目后期可能出现的问题。

销售方面的沟通

在很多情况下，项目经理不参与项目的销售工作。但是，所有的项目经理都必须意识到，他们仍然需要向受项目结果影响的各个利益相关方进行"销售"。可以将这些受影响的人定义为"买家"。他们在买什么？他们买

第4章　组建团队并沟通业务

的是你的项目从实际层面使他们个人受益的概念。核心概念是，销售工作不会因为项目章程的签署或同意而完成。

罗德·汤普森认识到了这一事实。他开始识别三种类型的"买家"：经济型买家、技术型买家和用户买家。

> 经济型买家是为项目提供资金并希望看到商业利益的人。技术型买家是必须确信项目解决方案能够解决技术问题的人。用户买家是将实际使用可交付物作为其日常工作的一部分的人。

罗德将丽莎·拉姆齐确定为经济型买家，因为她不仅是推动CRM项目执行的高管，同时也是项目的发起人。他将营销总监宝拉·达尔伯格、销售部经理加里·斯泰尔斯和制造部经理华尔特·费雪确定为技术型买家。他们所在的部门受"振兴项目"带来的变化影响最大。在大多数情况（但不是所有情况）下，经济型买家和技术型买家必须对项目的定义感到满意，否则项目将不会得到批准和资助。然而，在做出决定之前，用户买家经常被排除在讨论之外。他们被迫接受项目——而不是热情接受。"振兴项目"的用户买家是宝拉、加里和华尔特所在部门中实际使用CRM系统输入信息并生成报告和数据的所有人员。其他人可能也使用CRM系统，但到目前为止，宝拉他们是最大、最重要的应用群体。罗德意识到对最后一组（用户买家）的销售必须贯穿整个项目，以确保交易真正完成。他认为沟通是保证此次交易成功的关键。

所有的项目经理都通过团队的协助来完成项目。然而，他们往往专注于项目的技术方面，而不是将业务融入团队的发展。当你在项目团队内部建立沟通时，你需要帮助团队成员了解实际上有两个并行的沟通轨道在同时运行（见图4.1）。第一个轨道是让业务人员了解正在发生的事情和时间；第二个轨道是为项目团队提供信息，使他们能够与人们——尤其是用户买家——保持联系。关键概念是确保项目团队向公司提供与你一致的信息!

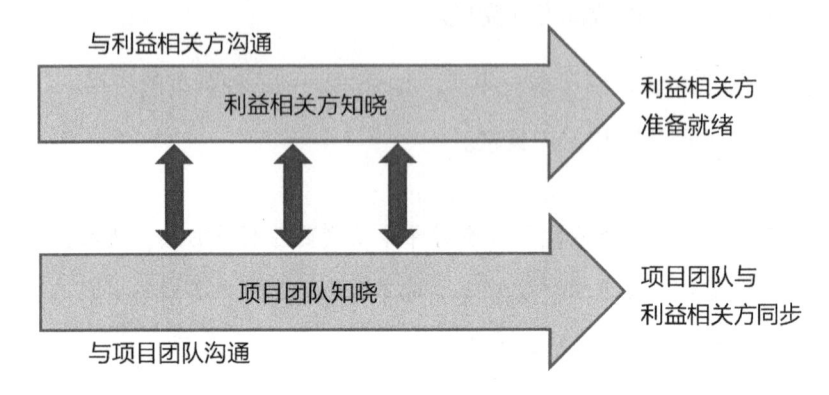

图 4.1　同步沟通轨道

建立项目团队的基础之一是与项目团队进行利益相关方分析。第5章将介绍利益相关方分析的沟通细节。在为项目团队配备人员时,要考虑各种不同的利益相关方,这一点很重要,因为互动(包括有效的沟通)对项目的最终成功至关重要。第10章将详细介绍沟通计划。

> 利益相关方被定义为对项目结果拥有既得利益的人,即使他们不直接资助或参与项目。

规划沟通方式时要考虑的要素

规划团队成员与业务人员之间沟通方式的第一步是考虑以下要素。

- 关键人员之间的关系。
- 项目目标和商业论证的知识水平。
- 项目团队对关键人员的信任度。
- 关键人员对细节可能存在的疑虑或问题。
- 获得关键人员认可的信息或技术。

下面一一讲解这几个要素。

关键人员之间的关系

当你分析与项目团队成员互动的各种业务人员时，关键问题之一是如何发挥公司内部的政治作用。在你或你的团队成员开始与各个部门沟通之前，你需要了解谁向谁报告。组织结构图是很有用的，不过随着公司变得越来越复杂，组织结构图的使用可能会受到限制。但是，你需要将这些信息传递给你的项目团队成员，并确保他们在与业务人员交谈时遵循正确的准则。例如，罗德·汤普森要确保他的团队负责人（业务方面的负责人保罗·瑞恩和技术方面的负责人约书亚·拉尔森）知道，在与其主管交谈之前，他们不会与不同部门的用户讨论这些问题。在迈德医疗科技公司内部，员工比经理先知道一些事情是不受欢迎的（这就是我所说的准则）。还有一些可以影响他人但并不显示在组织结构图中的具有管理权限的重要人物，你和你的团队需要找出这些重要人物。同时，企业文化也是需要多加注意的。企业文化不会出现在公司手册或项目启动研讨会中，它们是关于公司内部行事方式的不成文规定。使用正确的准则是企业文化的一部分。当你阅读第8章，学习对新业务流程的支持时，这些基础知识将变得更加重要。

项目目标和商业论证的知识水平

你可能会很惊讶地发现，一个项目的基本背景和预期的商业论证通常并不广为人知，只有少数几个关键人员知晓。虽然这似乎很显而易见，但作为项目经理，你可能需要向关键人员灌输项目试图实现的目标。这就是为什么开发"变革案例"很重要（你将在第6章中了解关于"变革案例"的更多信息）。如果你确实需要这样做，请想一想你的项目团队成员了解并理解项目目标和商业论证有多重要。当然，你要进行自主判断。例如，"振兴项目"的程序员不需要对商业论证有透彻的了解，你只要确保团队中确实需要知道的那些成员知道就行了。

项目团队对关键人员的信任度

　　项目团队通常由借调到项目的内部人员和外部人员组成。提名内部人员的原因有很多。如果你吸纳某些团队成员是因为他们"有空",那可能是因为你没能得到相关部门提供的最佳人员。如果他们是组织内被视为"明星"的人,并且他们凭借自己的知识和经验而被提名参与你的项目,那么你将不会面临这样的信任度问题。如果你还从外部聘请了承包商或顾问,你需要花更多时间去了解能从项目团队中的这些关键人员身上获得什么。

关键人员对细节可能存在的疑虑或问题

　　通常在关键项目中,人们仍会对项目完成后的工作方式有所疑问或担忧。在这种情况下,项目经理面临的问题是暂时无法获得详细信息。然而,重要的是了解这些问题和疑虑,将它们记录下来,当你在解决这些问题和疑虑的过程中取得进展时,与关键人员进行沟通,向他们提供详细信息。

获得关键人员认可的信息或技术

　　一般来说,根据人们接收的信息及接收信息的方式,可以将他们分为两个阵营。

　　1. 关注项目将带来的变化细节。

　　2. 关注人们将如何应对项目引起的变化。

　　为个人提供正确类型的信息与沟通本身同样重要。第一个阵营的人会表现得很明显,但第二个阵营的人可能不会。我曾经有一名客户,当我就项目问题或决策找他时,他总是问我同样的问题。问题是这样的:"谁会因为这个决策/问题而生我的气?"很少有人问"你为什么这样做"或"你还考虑过哪些其他选择"。

团队内部沟通

有多种方法可以促进并支持团队内部的沟通，如以下三种：

- 团队建设。
- 团队会议。
- 作战室管理。

团队建设

当人们共享并支持相同的目标（完成一个成功的项目）时，团队就建立起来了。你可以将剧院作为构建优秀团队的一种方式。演员，无论角色大小，通常都听从导演的指挥，每个演员都尽自己最大的努力完成其在每部戏中所分配的特定角色。即使是明星也必须遵守游戏规则。你是导演，你的团队成员是演员。项目团队中的人需要以同样的方式扮演他们的角色。

为了让参与项目的人员成为一个真正的团队，作为项目经理的你，在指导和领导时需要做一些特定的事情。项目成员需要：

- 意识到他们将从事涉及多人的活动。因此，他们需要相互沟通和合作才能完成任务。
- 分享用于评估和沟通项目状态的通用方法及工具。
- 共同识别和解决问题，然后一起接受结果并同意公开支持共同的决策。
- 接受这样的事实：如果一个人犯了错误，整个团队都会受牵连。因此，团队成员需要互相帮助，尽量避免错误。
- 意识到随着时间的推移，会有新人加入，同时也会有人离开，但整体团队结构和项目目标将保持不变,直到项目取得成果。

- 认识到变革会发生,并且它们必须足够灵活,以调整和使用变革控制方法。

当涉及其他组织或部门时,项目经理与这些组织或部门之间的积极互动对于创建一个良好的团队也是至关重要的。生产线、员工、供应商、客户和项目人员之间的关系必须通过相互信任来调和。请确保你向你的项目团队反复强调了这些理念。

团队会议

下面是在项目会议中进行有效沟通的一些建议。

> 当你要求负责人或发起人帮助你解决问题时,请始终记住对方的有效权限范围,不要要求对方解决超出其权限范围的问题。问题如果超出了对方的个人权限,更好的做法是要求将该问题上报给管理层团队。

安排任何会议都要有明确的目的。坦率地说,我不认为"向负责人提供信息"是开会的正当理由,团队成员也不太可能喜欢这个目的。更好的目的可能是"就如何处理与销售人员输入客户数据相关的问题征求你的建议"。如果要求与发起人或负责人一起实现该目的,你就需要通知对方参加会议(因为你需要提供项目的背景信息),而且你是在要求他解决问题。大多数经理都喜欢被邀请来处理这类问题。

始终使用结构化议程来管理项目团队会议,并跟踪以下事项:

- 日期、时间、地点和出席人员。

- 会议期间做出的决定。

- 分配给团队成员的行动和完成的目标日期。

- 发现并解决的问题或风险。

- 将来所需并放在"议程外处理清单"中的其他事项。

> "议程外处理清单"用来处理会议议程之外的事项。在会议结束之前,你需要决定何时及如何处理清单上的各个事项。

"振兴项目"团队会议纪要如图4.2所示。

"振兴项目"团队会议纪要

日期:2022/02/06
时间:下午2:30—3:30
主持人:宝拉·达尔伯格
参会人: 罗德·汤普森　　安妮·加西亚
　　　　里兰·奥尔森　　丹·科恩
　　　　凯莉·詹金斯　　加里·斯泰尔斯
　　　　华尔特·费雪

会议决定:
就项目变革案例达成一致。

事项:	负责人	日期	状态
行动事项:			
研究应收账款的计费要求	里兰·奥尔森	2021/12/06	完成
按项目团队的要求调查信贷政策	里兰·奥尔森	2021/12/06	完成
对新订单的输入进行审核	华尔特·费雪	2022/01/19	进行中
提交新服务器的RFP	丹·科恩	2023/01/19	进行中

议程外处理清单:
数据存储和数据挖掘　　　　　放置到2月底

图 4.2 "振兴项目"团队会议后的会议纪要示例

作战室管理

我不确定是否每个人都在项目管理中使用这个术语,本书所说的作战室指的是在项目过程中预留的供项目团队使用的会议室或其他类似设施。你可以将作战室用作交流工具和工作空间。

例如，你应该让任何路过或前来拜访你或其他团队成员的人都能看到进度表。你会惊讶地发现有很多人都不了解你的项目进度表，直到他们在作战室的墙上看到它之后才有所了解。

另一个很好的沟通策略是通过访问作战室让最终用户接触到关键的项目团队成员。让你的团队成员知道你鼓励他们在作战室开会，除非它是为特定的项目活动（如常规会议）预留的。

你也可以通过邀请关键利益相关方参加作战室会议来进行交流。让这些关键人员看到项目团队的工作情况，通常可以让他们就某些问题与团队成员或你沟通时感到更加自在。这也可以作为你的沟通计划的反馈机制之一，帮助你即时处理不实的信息。

以上为你介绍了如何使用作战室。除此之外，还有几个注意事项非常重要，需要你记住。

首先，如果可能的话，任何有关项目或与项目相关的人员的机密信息都应该被存储在其他地方，而不是放在作战室。

其次，无论是在作战室内还是在作战室外，都要注意"流氓型"项目团队成员，以及他们向利益相关方或用户提供的信息。没有什么比从项目团队成员那里听到"项目一团糟"更能摧毁用户或利益相关方信心的了。与这种项目团队成员打交道时要迅速而坚定。你要倾听他们的意见（我稍后会详细讨论"倾听"），但同时你也不能让项目团队成员向其他人提供与你提供给关键利益相关方的"官方"信息相互矛盾的信息。要处理这些情况并不容易。但是，如果这些"流氓型"项目团队成员削弱了人们对项目的信心，项目失败的风险就会大大增加。

倾听是沟通的一部分

倾听是项目经理应该拥有的最重要的沟通技能之一。只有通过倾听，你才能确定你的沟通是否按照你所希望的方式被理解。图4.3是一个简易沟通模型。

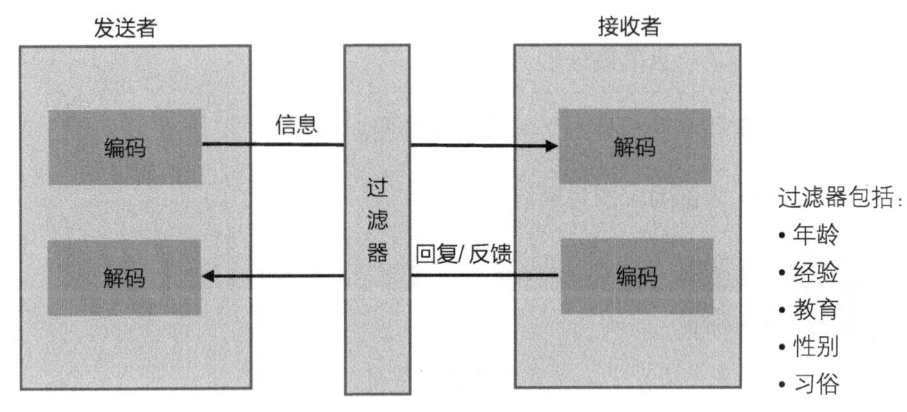

图 4.3 简易沟通模型

专注地倾听不仅有助于你了解与项目相关的其他人的想法——这比任何状态报告都要好，还可以帮助你在项目陷入困境之前就能预见公司政治问题。

以下是成为更好的倾听者的一些提示。

- 停止说话，听别人说他们想说的话。

- 让人们说完他们想说的。尽量不要在对方说完之前打断他们，否则你无法得知他们完整的意图。如果讨论中有短暂的停顿，不要过早地介入。在轮到你发言之前让发言者完成发言。

- 尽可能消除干扰，如接听电话或进出办公室的人。全神贯注地听对方讲话。

- 有目的和有意图地倾听。试着去听字里行间隐含的意思。注意人们说话时的肢体语言和面部表情。这些通常是发现不满或问题的线索。如果你发现对方的表情有什么不对劲,提出一些探索性的问题来了解他们真正的担忧。

- 复述或总结你听到的内容,以确保你正确地理解了对方传达的信息。只有通过接收和理解信息,才能进行良好的沟通。

请记住,成功项目的最佳预测指标是:

1. 项目团队和利益相关方之间的有效沟通。
2. 项目团队内部强大的沟通能力。

本章要点:

- 在每个项目中,项目经理都需要进行"销售"。
- 不同的人对项目有不同的理解,一种沟通方式并不适合所有人。
- 尽可能根据业务人员有效沟通的能力及知识储备来选择项目团队的关键成员。
- 在项目团队内部及项目与客户之间构建强有力的沟通。

至此,你已经完成了对项目的定义,接下来就要进入规划阶段了。在这个阶段,将有大量的沟通计划。好消息是,无论是写作、演讲还是会议,都有一些共同的沟通元素。这就是第5章的主要内容!

5

第 5 章

沟通的通用元素

项目经理在一个项目的实施过程中所使用的所有类型的沟通秘诀，无论是书面的（如电子邮件、报告）还是口头的（如演讲、全体员工大会），都可以概括为以下三个步骤。

1. 分析目标。

2. 设计方法。

3. 传递信息。

由于这些步骤几乎适用于所有的沟通情况，因此我将介绍这些通用的步骤，然后在本书后面的章节中再次引用它们。因为它们是通用步骤，所以在准备与项目相关的所有重要沟通时，你至少可以考虑它们。你可能不会使用它们，但忽略它们会有不良的后果。下面我会先简要概述它们是什么，然后详细描述它们在项目中的应用。

第一步：分析目标

利益相关方分析

在确定沟通目标时，首先要考虑的是谁将接收信息。为此，你需要确定项目的利益相关方是谁。PMI将利益相关方定义为"积极参与项目或其利益可能因项目的完成或执行而受到影响的人"。制订沟通计划的整个基础源自了解你正在与谁沟通。

从图5.1中可以看出，项目沟通计划是所有利益相关方（从决策管理层到最终用户）之间互动的中心。通过将信息定位到他们不同的需求和关注点，你可以在他们之间构建一致性和理解。

第 5 章 沟通的通用元素

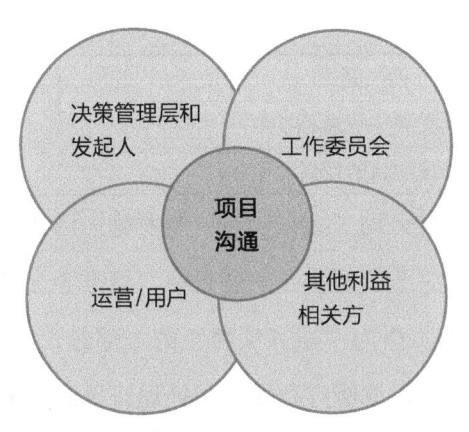

图 5.1 受项目影响的关键利益相关方（从高层级面来讲）

在开始进行利益相关方分析时，一份简单的指南可以引导讨论，帮助项目经理澄清与项目相关的所有人员的观点和关注点，如表5.1所示的利益相关方分析指南可以引导你提出正确的问题。一些特殊情况可能会导致你更改问题或添加其他问题，但请注意，表5.1中的问题几乎是所有项目经理编制沟通计划时所需的最基本信息。

表 5.1 利益相关方分析指南

问　题	回　复
哪些关键人员会关心那些受项目影响的工作 （见以下示例） • 销售部 • 客户关系部 • 制造部 • 供应商管理和合同部 • 市场营销部 • 高级管理团队	
他们与"振兴项目"相关的职责是什么	
他们对该项目了解了哪些	
谁了解该项目并能帮助大家理解当前的状态	
谁不了解该项目及需要的信息	
谁可能不喜欢变革的想法 关于变革，他们不喜欢什么	

续表

问　题	回　复
利益相关方最可能接受哪些信息和技术	
我们将如何最佳地管理项目的期望	

对像迈德医疗科技公司"振兴项目"中罗德·汤普森这样的项目经理来说，这种分析的价值在于它提供了一些见解，即谁会支持项目将产生的变革类型，谁会反对它们。作为"振兴项目"的一部分，罗德知道CRM软件的一项功能是允许客户在迈德医疗科技公司处理订单时查看订单的进度。在确定这样的功能可能产生影响时，他意识到自己没有弄明白其中的一些问题。他需要找一个知道这些问题的人，合乎逻辑的选择是负责人宝拉·达尔伯格。负责人可以审查与此分析相关的任何评估，并提供对这些评估的反馈。至于与信息和沟通技巧相关的问题，可以帮助罗德了解如何让自己在沟通中更有说服力。关于有说服力的信息，人们倾向于分为两个阵营：一个阵营只对数据印象深刻，另一个阵营则主要关注人们如何变革或如何对变革的建议做出反应。例如，在"振兴项目"中，宝拉向罗德解释说，制造部经理华尔特·费雪只对数据和事实印象深刻。罗德意识到，在跟华尔特讨论与在线客户一起查看订单相关的问题和信息时，他最好准备好数据和事实。宝拉还说客户关系部经理凯莉·詹金斯通常关心人们（尤其是客户）对某些能带来变化的想法的反应。罗德提供给华尔特的信息不会被凯莉轻易接受。在与凯莉交谈时，罗德需要准备好讨论他认为客户会对这样的功能做出什么样的反应。罗德意识到他需要在项目过程中以完全不同的方式与这两个关键利益相关方沟通——他必须确保达到目标。像生活中的许多事情一样，"一刀切"的概念在项目沟通中并不适用。

沟通的目的

正确开展沟通的第二个关键是明确你试图通过沟通来达成什么，即沟通

第5章 沟通的通用元素

的目的。要定义你的目的，重要的是需要记住与项目相关的所有重要沟通都应努力实现以下4个目标之一。

1. 指示：告知或教人某事。

2. 灵感：激励受众以某种方式采取行动。

3. 倡导：以你的观点说服某人。

4. 刺激：刺激讨论或辩论。

在项目过程中的任何时刻，你都要在每次沟通中至少使用这些目标中的其中一个。

我所知道的考虑沟通目的的最佳方式是完成以下陈述句："此次沟通的目的是……"如果你不能完成这个陈述，相信我，那些阅读你的文字或听你演讲的人也将无法理解你沟通的目的！

在迈德医疗科技公司的案例研究中，罗德·汤普森做出决定，他与高级管理团队下一次沟通的目的是激发讨论，并决定在"振兴项目"完成及CRM系统运行后，谁将对客户订单的不准确数据负责。因此，他与负责人宝拉·达尔伯格一起为高级管理团队起草了一份状态报告，由发起人丽莎·拉姆齐提交。由于该问题涉及多个部门，因此它绝对是一个需要高级管理团队投入和/或解决的问题。在报告中，他们建议，基于工作委员会内部就这个问题缺乏共识，一个可能的替代方案是聘请订单录入员，以确保将正确的信息输入CRM系统。根据目前的订单水平和"振兴项目"投入运营后业务的预期增长，罗德估计迈德医疗科技公司将需要招聘50人来完成这一工作。可以想象，这引起了高级管理团队的注意！他们立即询问了工作委员会的主要成员，罗德在一周内得到了该问题的解决方案。重点是，罗德有一个目的——激发讨论，推动决策，并通过沟通来实现这个目的。

第二步：设计方法

完成了对沟通目标的分析并明确定义了沟通目的之后，你现在必须设计一个能在特定目标受众中实现目的的最佳方法。

沟通策略

在向利益相关方展示信息时，可以采用多种策略。以下是常见策略的摘要。

- 轻重缓急。当一系列要素对项目相关决策的结果产生影响时，将其从"最关键"到"最不关键"进行排序是有用的。从最关键的要素开始，然后移至最不关键或最常见的要素。下面这个例子或许可以向决策管理层解释项目团队选择供应商的标准。你可能已经确定了某些特征（如可靠性、与公司的关系及供应商顾问的经验）是选择供应商的重要因素——这在决策中是最关键的。其他特征，如价格和售后服务并不那么重要，因为所有供应商在这些方面都相差无几。

- 问题/解决方案。问题/解决方案通常用于在项目中解决各种问题的技术方面，这些问题的解决方案将在沟通中产生。这种策略的一个变体是问/答，通过这种特定的沟通方式，可以为人们提出的问题提供答案。

- 大局/小局。该大局/小局策略可帮助沟通对象了解你如何应用收集到的数据和信息以实现公司的更大目标。通常这对关心大局的高级管理团队来说很有说服力。例如，在"振兴项目"中，罗德·汤普森使用这种策略来解释项目团队和工作委员会围绕客户报告做出的决定。由于公司的战略是业务增长（大局），因此他展示了客户报告如何让管理层以多种方式（小局）了解客户规模的增长。

- 比较/对比。比较/对比是一种非常有效的策略，可用于沟通特定项目与人们熟悉的项目之间的相似之处（比较）和不同之处（对比）。这种策略可以让你强调自己项目的独特性，这对沟通对象的利益相关方来说很重要。如果公司过去尝试过类似的项目但失败了，这一策略可能非常重要，因为你需要阐明你的项目与之前失败的项目有何不同，即使它们表面上看起来很相似。

任何单一的沟通策略都不是最好的。最好选择一种适合你的沟通目的并符合你试图实现的利益相关方期望的策略。

公司政治与沟通

如今，每名项目经理都非常谨慎地在与项目有关的公司政治中进行周旋。在规划你的沟通方式时，公司政治是一个非常重要的考虑因素。考虑意见和信念及它们将如何影响你实现目标的能力是很重要的。你需要关注两个关键的权力来源：一是权威，二是专业。两者其实很明显就能识别，但在沟通时经常被项目经理忽视。思考一下罗德·汤普森的目的。他认为权威是他需要的权利来源，以确保沟通（CRM报告）能够实现其目标——激发讨论和推动决策团队做出决策。如果沟通需要一定程度的技术知识，那么他或许会借助工作委员会的一名成员来传递信息。

此外，你还需要考虑谁在现状中有既得利益，或者谁会因为项目带来的变化而失去权力或权威。你需要精心梳理与这些问题相关的所有信息，否则就要付出代价——深陷公司政治斗争之中。

通常，了解公司前景的信息最佳来源之一是发起人。在迈德医疗科技公司的案例研究中，丽莎·拉姆齐是一名高级管理者，她定期与其他所有高级管理者打交道。罗德经常借助丽莎传达信息，以确保他的沟通语气不会激怒任何一位高级管理者。

正式沟通与非正式沟通

组织内部的职权结构决定了各种沟通所要求的正式程度。由于罗德用以推动讨论和决策的沟通一直是通过组织上层传递给高级管理团队的，因此他和宝拉提出的信息需求相当正式。这种形式需要一份内容非常清晰简洁的备忘录，并为高级管理团队提供恰当的详细程度。传递给高级管理团队的信息会因为电子邮件不够不正式而使信息接收效果变得非常糟糕。然而，电子邮件这种非正式沟通方式可能非常适合向会计部门传递信息。沟通的正式程度还受企业文化的影响。你始终都要认识到每次沟通可能需要的形式，并以此为目标。

沟通障碍

沟通总会有障碍。这些障碍可能有多种表现形式：宏观层面如地理、语言、文化障碍；微观层面如沟通过程中使用的技术定义或行话。在罗德·汤普森的沟通计划中，他还与来自欧洲和新加坡的员工一起工作。在规划与主要利益相关方的各种沟通时，他需要牢记各种障碍。下面举一个与时区有关的沟通障碍的例子。

- 法国的工厂与罗德所在的美国中部地区的时差有7小时。
- 新加坡与罗德所在的美国中部地区的时差有14小时，而且两者的日历日通常相差一天。

说到语言障碍，对罗德来说，好消息是，如今英语已成为全球性商业语言。因此，在大多数情况下，他可以用英语与他人交流，不必担心翻译问题。然而，他必须记住保持语言的具体和直接。他还必须提防使用美国俚语或口语表达，因为对母语不是英语的人员来说，他们可能无法很好地理解。例如，如果罗德使用美国西部的俚语"那条狗不会打猎"来表示一个不会被接受的想法，即使是英国员工也可能会挠头——字面意思大家都懂，可就是不明白其中的含义。

此外，还要注意当今商业中使用的行话和缩略词。每个公司都有自己的表达方式，某些部门也有。行话和缩略词在组织中占有一席之地，因为它们允许人们简洁地表达某些常见的想法或概念。然而，行话和缩略词也会导致排外或让别人感觉无法融入团队。如果罗德使用信息技术的行话来解释用户如何检索CRM系统中的客户数据，他会在自己和受众之间筑起一道屏障。罗德采取的最佳方法是先自己起草信息，然后请工作委员会的几名成员对其进行审查。他会要求他们确保他使用了适当的语言，并且没有使用一些必须做出解释的行话，否则可能会被误解。通常，工作委员会成员会以受众能够理解和欣赏的方式就信息的措辞提出建议。除了表达清晰，罗德还在主要利益相关方中建立了可信度，因为他用这些主要利益相关方的语言与他们沟通。

第三步：传递信息

沟通工具和技术

项目经理可以使用多种工具与团队成员和主要利益相关方沟通。例如，罗德曾要求他的所有团队成员都使用即时通信技术，目标是即使他们被时间或距离等重大障碍隔开，每个人也都能快速"聊天"。这通常比打电话更快、更便捷。但是，他还制定了一个指导方针，规定如果即时通信会话超过两三条，他希望大家打电话沟通。例如，当安妮·加西亚需要跟商业分析师确认会议地点时，向保罗·瑞恩发送即时信息是合适的。然而，如果这个简单的问题变成了确认会议中需要讨论的主题，那么安妮就该拿起电话打给保罗了。

还有在线会议服务，它允许多人实时共享和查看相同的文档。通过使用音频或视频电话会议，罗德可以与地理位置分布广泛的人召开虚拟会议，包括对项目计划的审查。这个工具的美妙之处在于允许罗德在会议过程中对文档进行变更，而且每个人都可以实时看到并同意这些变更。罗德意识到这个工具使他免于记笔记，只需分发变更内容并等待其他人确认即可。此外，许多在线会议服务都提供会议记录（录屏）。对因日程冲突、生病或休假而错过会议的团队成员来说，这可能很有价值。如果错过的内容很重要，团队成员可以在事后调出会议记录，收听整个会议的内容。罗德决定记录在议程中做出了决策的所有会议。他想确保如果项目后期出现问题或分歧，每个人都可以查看会议，包括实时录音，以证明大家对讨论和最终结果已经达成共识，他发现这比书面会议纪要更加有效。

沟通四原则

在制订沟通计划时，你必须记住沟通的四项原则。它们是：

- 频率原则。
- 优先原则。
- 就近原则。
- 情绪原则。

频率原则指出，人们会记住他们频繁听到的信息。这是广告商多次投放同一广告的原理，也是他们经常在电视上重复播放某条广告的原因。广告商认识到，要想突破人们的意识，需要进行很多次广告投放。因此，在传达诸如变革案例之类的重要信息时，你必须认识到，只传达一次并不足以让人们记住它！

优先原则指出，人们对第一次听到的事情记得很清楚。对你来说，这意味着人们会记得你第一次向他们描述的项目内容，你的这次项目描述在他们的脑海中设定了一个关于该新项目的心理"基准"。这意味着你必须对第一次传达的信息保持谨慎态度，因为它将成为你后续发送的所有其他信息的基础。因此，请注意并尽可能求助专家，就像罗德将安妮·加西亚带入项目团队时那样。

就近原则指出，人们会记住他们听到的最新信息，并将其与之前的公告进行比较，以找出不一致之处。众所周知，事情可能会在项目过程中发生变化，尤其是一个长期项目。关键是一定要解释这些变化，因为如果你不解释，人们就会开始猜测为什么事情发生了变化而你没有解释。这种性质的猜测只会破坏项目在用户心中的印象。

情绪原则指出，人们会记住影响他们情绪的信息。在"振兴项目"案例中，当某些信息用于解释迈德医疗科技公司员工的工作或绩效评估将如何受到影响时，员工会记住这些信息。虽然你面对任何变化都不能退缩，但你需要对情况保持敏感。我将在第10章更多地讨论敏感性。

口头和书面沟通

3M公司曾进行了一系列研究，评估了使用不同传递技术让人们记住信息的有效性。研究结果表明，人们记得：

- 他们所阅读的内容的10%。
- 他们所听到的内容的20%。
- 他们所看到的内容的30%。
- 他们所看到、听到和阅读的内容的60%！

根据该研究，如果你希望主要利益相关方（包括项目团队成员）记住你所传达的内容，你就必须结合使用口头交流和书面交流。仅使用其中一种会给你的项目带来另一种风险。

角色描述和交流

当项目团队成员与业务人员（或主要利益相关方）沟通时，明确定义的角色描述会有很大帮助（见图5.2）。

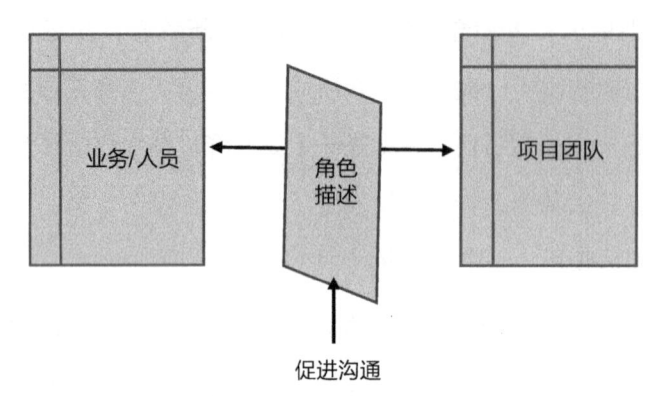

图 5.2 角色描述有助于促进项目团队与业务人员之间的沟通

在"振兴项目"中，如果作为IT总监的丹·科恩有什么问题或疑虑，他知道自己需要与卢克·约翰逊交谈，因为卢克的角色是与IT部门联系。这并不是说他不能与其他团队成员交谈，但丹很清楚卢克有这个责任。

本章要点：

- 所有沟通都从利益相关方分析开始。
- 确定传达每条信息的目的。
- 计划最能实现目标的策略。
- 确定传达所有沟通内容的方法。

总之，在项目期间所要设计的所有类型的沟通都有一些通用元素。不管是书面沟通还是口头沟通，大组沟通还是小组沟通，基本元素都是一样的。

在起草变革案例时，利用这些通用的沟通元素搭建模块非常重要——从项目一开始就简单而直接地解释你为什么要做这个项目。第6章将讨论如何编写变革案例。

第6章

编写变革案例

任何一个项目如果影响众多人员，就有沟通的需要。很多时候，项目经理都不知道从哪里开始。如果你查看商业论证或项目章程等文件，实际上只能获得非常有限的帮助。来吧，开始和项目的主要利益相关方一起做一个有效的练习：编写变革案例。变革案例是一份简单的文件，它用简单的语言写成，解释了项目的基本原理。

> 在成功的大规模变革中，一个运作良好的指导团队会回答相关问题，使变革方向逐渐明晰。好的答案能够使组织迈向更美好的未来。
> ——约翰·科特、丹·科恩，《变革之心》

大多数受项目影响的人都会很自然地问："我们为什么要做这个项目？"变革案例旨在回答这个基本问题，但其实它还有其他几个目的。那么，编写变革案例的准则是什么呢？

编写变革案例的准则

以下是编写变革案例的若干一般性准则。首先，与你的项目团队和业务发起人一起回答以下问题：

1. 我们为什么要从商业的角度来做这个项目？

2. 项目完成后会有什么变化？

3. 如果我们没有成功地完成这个项目，会发生什么？

4. 做这个项目对我们个人及公司有什么好处？

5. 我们需要做哪些不同的事情？

请根据项目和实际情况编辑这些问题。每当高级管理团队提出新计划时，这些问题都是受项目影响的绝大多数人会问自己或其他人的常见问题。

作为项目经理，你需要让关键业务领域的领导来回答它们。请注意，他们可能无法用常规的商业语言来回答这些问题，而可能更倾向于为你提供标准的商业论证的典型语言（我将在本章后面详细讨论这一点）。

行为的影响因素

项目经理试图做的是影响项目可交付物的最终用户的行为。这些行为是个人用来完成其工作的行为。有几个因素会影响行为，包括信仰、文化规范、经验和感知（见图6.1）。这是你在将项目可交付物交付给运营部门时必须了解的背景。例如，在重视命令和控制的公司文化中，如果一个项目需要高度个人主义的行为（如向客户提供财务退款，过去只有高级管理者才能做出这种决定），那么该项目在完成后将无法持续，因为被要求提供财务退款的人会高度怀疑未来公司对他提出的向客户提供财务退款的要求。可以想象，这个人肯定想有个可靠的保证，即该决定不会产生负面影响。

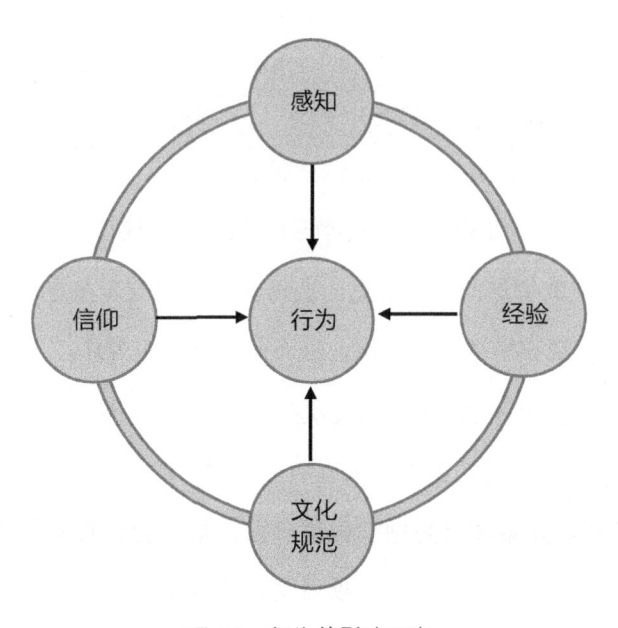

图 6.1　行为的影响因素

遗憾的是，作为项目经理，你对人们的信仰和经验几乎无法施加影响。你只能了解可以影响人们行为的文化规范，因此你可以在将项目可交付物交付运营时对这些文化规范保持敏感性。

> 文化是与一群人的共同价值观和行为相关的规范。它定义了这个群体的价值观及群体中的成员应该如何行动。如果群体中的个体偏离了规范，群体中的同伴会不假思索地给予反馈（无论是直接通过语言给予反馈还是间接通过肢体语言给予反馈），以使其恢复正常行为。

沟通创造感知

你可以通过为项目制订强有力的沟通计划来影响人们对现实的看法。那么如何影响人们的看法呢？不错的问题！首先，让我们看看人们对事物形成看法的经典模型（见图6.2）。

获取 → 阐释 → 选择 → 组织 → 感知

图 6.2 人们对事物形成看法的经典模型

人们通过获取信息、阐释信息、选择他们认为有用的部分，然后加以组织，以感知他们现在所拥有的意识，从而得出自己的观点。

阐明项目经理可能面临的与感知有关的情况的一个方法是描述警察询问交通事故目击者的场景。如果目击者有5人，警察可能会听到对所发生事故的5种不同解释。如果项目经理牢记这一点，就不会让日常的混乱给项目带来类似的变化。通过有效的沟通，项目团队可以控制和影响：

1. 受项目影响的人们如何获取信息。

2. 人们通过提供正确的方式来阐释数据，以理解数据。

3. 为人们提供证据，这样人们就不必通过各种无用的垃圾分类来找到对他们有用的碎片信息。

4. 将信息组织成知识，以便人们轻松地搭建和精心地组织，从而达到预期的结果。

通过使用这个模型，当你将项目可交付物交付给用户实际运营时，用户对正在发生的事情的看法就会被你控制和影响，从而推动他们做出促使项目成功的行为。

在很多情况下，直接或间接受到影响的人都不愿意从未知的（对他们而言）解决方案中做出改变。他们会很自然地担心改变过程会比问题本身更糟糕。很多IT项目的项目经理在执行软件包时都会遇到这种情况，这个软件包将取代他们之前使用的电子表格来捕获和处理数据。他们之所以不愿意使用这个软件包，是因为他们自己创建了电子表格，他们信任这些表格。他们不确定是否可以同样信任其他工具。变革案例旨在从高级层面解决这样的困惑。

> 关键在于一个基本的洞察：良好的沟通不只是简单的数据传输。
> ——约翰·科特和丹·科恩

请记住，一定要使用能够与受项目影响的人产生共鸣的语言。没有什么比使用"项目术语"（如"可交付物"和"工作说明书"）或"顾问用语"（如"协同作用"和"杠杆作用"）之类的语言更能快速结束沟通的了。好了，你应该明白了，在这方面，你的项目发起人或工作委员会成员可以提供帮助。

编写变革案例的过程

项目团队应编写初稿，然后由工作委员会或最终用户对初稿进行编辑。当你开始起草变革案例时，从为证明项目合理性而编制的商业论证入手通常是一个不错的主意。当然，变革案例的受众群体并不会对成本/收益分析、投资回报、净现值等所有细节感兴趣。然而，如果你有一个精心设计的商业论证，你通常可以收集到许多前面所提出的问题的答案，至少足以为业务人员或工作委员会提供草案。

在大多数情况下，提交一份人们可以反馈的草案会好得多。很多项目团队试图从一张白纸开始，但最终往往以一场真正的灾难结束。这导致了人们吹毛求疵，使变革案例难以取得成功。即使你从一个精心设计的文档开始，只要你试图去编辑它，就会引发很多激烈的讨论！

当罗德·汤普森开始构建他的变革案例时，根据建议，他参考了已编制的商业论证，这为他提供了几个用于促使决策团队批准该项目的问题。他还拜访了被选中提供CRM系统的供应商，以进一步了解各部门的用户对该系统的看法。在访问中，他还带来了首席商业分析师保罗·瑞恩，因为他想确保自己没有遗漏某些事情。保罗向罗德提供了一项评估，得出的结论是：销售和营销人员能最大限度地感受到项目对组织的影响。很明显，如果想让项目成功，罗德需要真正关注这些人。因此，在与供应商就预期收益召开的会议上，他还邀请了沟通主管安妮·加西亚出席，以找出她可能需要包含在各种沟通中的"卖点"。

在完成了所有这些准备工作后，罗德觉得他已经准备好坐下来起草一份变革案例草案了。之后，他将草案交给项目负责人宝拉·达尔伯格审查，并让她提出建议。

第6章 编写变革案例

尽管丽莎正在旅行，宝拉还是安排她审查变革案例。罗德和宝拉开了个电话会议并使用了实时会议软件，因此他们可以在彼此都在线时一起修改草案。这样可以节省稿件在每个人添加想法时从一个人传给另一个人的时间。会议结束时，丽莎和宝拉都感到很满意，因为他们已经做好了将变革案例与工作委员会分享的准备。

让我们来看看提交给"振兴项目"工作委员会的变革案例，即CRM系统的实施（见表6.1）。

表 6.1 "振兴项目" 变革案例

问 题	回 答
我们为什么要实施当前的 CRM 系统"振兴项目"	当前的系统，即我们的 CTS，已不能： • 支持现代医疗设备和制造业务的运营 • 提供 JIT 生产、高效制造所必需的派送物流，以及较高的客户满意度
如果我们不做这个项目，就不能	• 有效地响应客户订单 • 按照客户要求的数量安排医疗产品的制造 • 减少需要处理的紧急订单的库存 • 通过会计和应收账款来处理信贷，减少返工 • 减少向客户派送错误的商品而导致的退货数量
该项目有哪些收益	"振兴项目"提供的新 CRM 系统将使我们和公司能够： • 实时跟踪库存 • 随着"自动刷新"的开启，实时监控库存的变化 • 对于运输需求和紧急订单，让客户代表及时了解我们手上所拥有的产品 • 呈现客户信息的摘要和深度视图 • 允许我们在输入订单之前进行假设情景分析，以做到折扣最大化和安排促销活动 • 轻松输入订单，减少文书工作 • 跟踪每日和每月的客户订单，以提高客户需求预测的效率和成功率 • 提高生产力 • 跟随动态变化的行业，消除许多电子表格重复的输入步骤

续表

问 题	回 答
该项目有哪些收益	• 基于更好的库存知识管理，做出更快的决策，在波动的市场中，找到最好的产品组合 • 在产品线中，提供能够更准确、更有效地确定价值驱动因素的工具 • 提供更可靠的工具，避免像 CRT 系统那样经常"崩溃"
如果我们不变革呢	当前的订单输入系统价格昂贵且难以支持未来的需求，如果我们不变革，将遭遇以下困境： • 系统性能无法提高 • 系统将逐渐变得越来越难以维护 • 我们将在管理任务上花费更多时间 • 我们将无法充分利用新产品、业务或市场机会 • 我们将无法有效地获取高利润客户的价值和潜力 • 我们将无法有效地模拟业务的未来需求 • 我们将无法有效地确定客户价值驱动因素 • 我们将继续使用个人电子表格作为主要的订单输入工具，这会使我们进一步落后于竞争对手 • 我们不会拥有客户数据和购买习惯的中央存储库

我们需要做哪些不同的事	我们需要：
	• 使用 CRM 系统作为订单输入和记录客户数据的主要工具，并使用个人电子表格作为辅助工具
	• 使用带有自定义销售管理桌面的快速交易输入模板
	• 使用按需销售和营销的桌面分析工具
	• 让销售代表输入大部分订单，包括：
	    – 标准订单
	    – 定制化订单
	    – 零星订单
	• 利用全面的审计跟踪
	• 制定并遵循统一的过程、流程和政策

变革案例的作用

希望你能看到为最终用户（特别是销售和营销人员）提供这些问题的答案的力量。随即，罗德对"振兴项目"产生了真正的兴趣。工作委员会成员、销售部经理加里·斯泰尔斯的反应很有趣，他对罗德说："如果你能以这些收益来交付这个项目，我的人一定会喜欢的！"罗德没有很勉强地推进项目的可交付物，而是围绕项目的可能性和潜力建立了对项目的期望和兴奋点。正如加里所料，罗德得到了销售和营销人员的热烈响应。由于早期出现过项目未能交付的情况，他们中的一些人仍然有点勉强，但大多数人都和加里·斯泰尔斯一样很兴奋。

如果你能按照所宣传的那样交付项目（希望你能）并使用精心设计的变革案例进行沟通，那么当你准备推出最终产品时，通常那些对你来说问题最大的群体实际上会反过来请求你的项目交付！他们将开始推动你更快地交付，而你可能需要放慢对他们的交付速度。这难道不是一种改变吗？

本章要点：

- 编写一个好的变革案例，回答一个基本问题："我们为什么要这样做？"
- 变革案例让最终用户不仅接受而且支持项目可交付物，并以清晰的语言为业务受众确定即将发生的变化。
- 变革案例解释了项目失败的后果。

当你通过变革案例阐明了高层级观点时，困难的部分就开始了。现在，项目团队需要深入研究细节，并需要准确地传达项目完成后情况会如何变得更好。

第 7 章

分析业务流程变革

第 7 章　分析业务流程变革

公司内部的人们总是对一些新项目感到很不适，主要是因为项目突然发生在了他们身上，而不是原本就在他们身上。他们觉得自己像受害者，而且他们对自己工作中非常重要的事情几乎没有控制权，这通常会使他们感到恐惧。这并非没有道理。但是，有一种很好的方法可以消除这种感觉，这种方法与沟通紧密相连。

消除受害者心态的一种方法是让人们参与业务，并在分析项目交付后将发生的业务流程变革时得到其协助。正如罗德在开始行动时所了解的那样，起初，公司的领导者并没有意识到这种影响。然而，当他们开始分析安装CRM系统后会发生什么变化时，他们看到了一些重大变化。正如在这些情况下通常发生的那样，他们需要做出一些关键决策。罗德明白项目成功的关键是让公司里的人参与到这些决策中来。他让公司各部门人员参与分析的决定促进了新系统最终用户的更多合作和支持。这一举措的另一个好处是允许罗德向整个组织传达每个人真正参与这个项目的程度。

> 当今商业中最大的神话之一是"技术将解决不良商业行为"。

罗德决定避免其他公司经常犯的一个错误：将注意力集中在绘制或记录当前的工作方式上。罗德选择不朝该方向发展的原因源于一个真正的问题——这浪费了他宝贵的时间！现实情况是，当项目最终完成时，那些相同的文件或计划将被丢弃。他之前并没有明白这一点。创建此类材料所用的时间可能会导致项目失去动力，并影响关键利益相关方的关注度。他认为，首先将项目团队和关键利益相关方的精力集中在形成"振兴项目"需求的那些疑惑或问题上会更好。

> **定义**
>
> 业务流程是完成特定目标相关任务的集合。

075

当罗德开始制订项目计划时，他要求首席商业分析师保罗·瑞恩协助他与主要利益相关方举行一系列会议，以收集他们的疑惑和问题。他特别要求保罗专注于从客户那里获取信息及交付产品和服务的业务流程，而不是新客户关系的管理技术（见表7.1）。

表 7.1　问题评分工作表示例

评分方法 （使用评分方法评估当前订单输入的问题）	得分 （0 分 — 无影响、影响可忽略不计或基本无法解决；1 分 — 对效率的影响；2 分 — 对制造的影响；3 分 — 对制造和效率的影响）
如果客户与我们签订了多份合同，会在订单中输入错误的法律实体	3
在进入订单输入系统之前，未完成信用度检查	1
基于对库存的错误理解，紧急订单需要更改生产计划	2

通过提前沟通及重点关注与业务实践相关的问题，参加保罗会议的主要利益相关方接受了这样一个事实：他们不需要任何CRM系统的技术知识。这也将使他们能够专注于"最佳"方式来有效地完成工作并获得客户满意度。

> **定义**
>
> 商业分析师负责分析客户的业务需求，以帮助识别业务问题并提出解决方案。

随后，保罗指导项目团队通过商业分析师来比较用于处理与客户相关的问题的不同替代方案，并将它们与CRM系统的功能进行匹配，可能的变革结果将一次性通过。罗德特意选择了非常了解迈德医疗科技公司业务的商业分析师，他们还接受了供应商的培训，熟悉CRM系统。同时罗德要求他们考虑CRM系统的引入将如何影响迈德医疗科技公司的运营，并将其与保罗和主要利益相关方会议期间获得的问题进行匹配。

当项目团队中的商业分析师研究CRM系统和发现问题时，他们开始了解CRM系统可以解决哪些问题，不能解决哪些问题。随后，沟通专家安妮·加西亚获取信息并确定如何最好地将这些信息呈现给工作委员会。

现在工作委员会开始了流程变革的工作（见表7.2）。根据商业分析师的分析，工作委员会评估了商业分析师提出的各种CRM系统支持保罗团队业务流程的可能的替代方案。罗德清楚地向他们传达了他们需要向项目团队提出建议，并就处理这些修改内容的最佳方式提供指导。罗德让这个以业务为中心的团队负责做出相关决策。

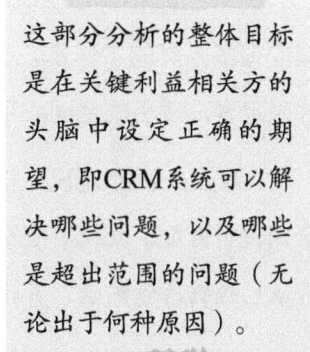

> 这部分分析的整体目标是在关键利益相关方的头脑中设定正确的期望，即CRM系统可以解决哪些问题，以及哪些是超出范围的问题（无论出于何种原因）。

表7.2 流程变革影响分析模板

流程变革	回 答
流程变革程度的描述	
谁受变革的影响最大（他们将如何遭受伤害或获得帮助？如果我们假设他们会遭受伤害，他们将如何遭受伤害？如果我们假设他们会获得帮助，他们将如何获得帮助？）	
在"振兴项目"结束时，对迈德医疗科技公司内部的流程进行更改的建议是否可行	
你如何权衡变革带来的收益与所付出的时间和精力	
计划（在你所在的地区实施此变革需要哪些步骤？有哪些限制？是否还有其他影响此变革的新举措？）	
测试（团队应该如何测试变革以确保我们不会产生意外的后果？）	
沟通（人们需要知道什么？什么时候知道？应该由谁提供该信息？）	
培训（完成与此变革相关的培训后，人们必须会做什么？）	
领导力（项目完成后，谁来负责公司内部的这种变革？我们需要他们提供哪些支持才能成功？）	
衡量标准（我们可以将哪些衡量标准应用于此业务流程？）	
还有其他影响吗	

分析的关键要素之一是工作委员会向其成员所代表的团队征求意见，获取关注。换言之，作为财务总监的工作委员会成员里兰·奥尔森会邀请公司

会计部和财务部的其他人员就工作委员会正在考虑的选项提供意见和反馈。

例如，在新CRM系统中，与识别客户的方式相关的一个关键变化可能会减少很多人员的工作量，在原来的业务流程中，会计部门必须手动审核订单并确定客户适用的合同。项目团队提出了不同的选项供工作委员会考虑。

1.商业分析师建议让接单的销售代表将交易输入系统时，将订单与客户合同进行匹配。然而，工作委员会收到的反馈指出，他们只是将一个手动流程从后端转移到前端，并没有真正节省劳动力。

2.由于合同通常与联系地址相关联，因此可以按不同的联系地址区分签有多份合同的客户。

由于销售部、合同部、会计部和制造部对解决该问题都非常感兴趣，所以工作委员会的所有成员都必须就这些问题和建议的选项进行投票。之后每个成员在下次会议中报告其部门员工对修改内容的看法。

在评估过程中，罗德通过与另一位销售经理建立联系得知，加里·斯泰尔斯并未就最近的流程变革决策征求他的意见。在确定该结论之前，罗德决定与其他几位销售经理核对一下，看看他们是否被要求提出意见——答案是没有！对此，罗德采取了两个步骤来解决这个问题。首先，他和负责人宝拉·达尔伯格与加里会面，讨论他作为工作委员会成员是如何规避角色要求的基本规

> 如果领导者不能解释清楚或详细说明项目与团队的相关性，那么他就无法增加任何价值，也不会对沟通承担责任，他只会通过更激烈地谴责信息来与团队保持联系。

则的。宝拉收到了加里的承诺：这种情况不会再发生。其次，查看在没有输入或反馈的情况下做出的决策是否对项目工作至关重要。首席商业分析师保罗·瑞恩认为这并不重要，项目团队不需要重新启动该决策。然而，如果保

罗做出了不同的决策，罗德会要求工作委员会重新考虑该决策，即使这会让加里感到尴尬。图7.1概述了工作委员会内部决策的基本过程。

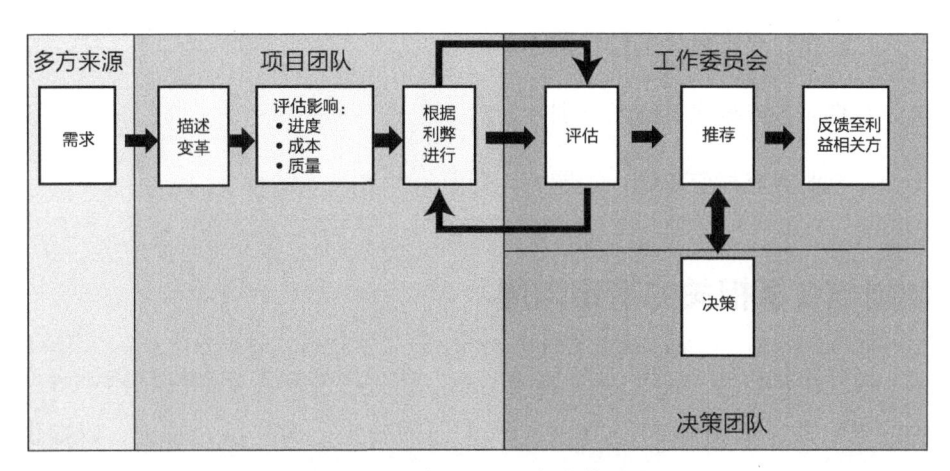

图 7.1　工作委员会内部决策过程

罗德的方法的美妙之处在于，工作委员会现在"拥有"决策权，负责处理变革、制定决策，然后指导项目团队采用商定好的方法，而不是由项目团队将其意志"强加于"组织。当需要与组织沟通"振兴项目"如何改变公司时，工作委员会将出面支持并捍卫变革。

最后，工作委员会需要就已经做出的决策与组织进行沟通。罗德知道他需要帮助大家沟通，但他需要工作委员会提供帮助。工作委员会成员是代表项目中各职能部门的人，是需要向组织传递信息的人。

罗德要求安妮·加西亚与主要工作委员会成员和负责人宝拉·达尔伯格一起起草并完善信息。随后，宝拉将在工作委员会会议上进行沟通并提议，以促使工作委员会所有成员达成共识，即他们可以向团队成员传达沟通成果，并在后续讨论中支持这些沟通成果。

罗德和宝拉意识到，在组织内建立不确定性和抵御性的最快方法是：工作委员会的某位成员不赞成某个决策或不完全支持该决策。因此，在向组织传达与流程变革相关的通知之前，协商一致的做法和协议至关重要。

接下来，罗德和安妮开始分析如何沟通和发布工作委员会提供的关于流程变革的信息。通常，有三种方法可以完成对任务的修改：

1. 创建与变革相关的特定沟通。
2. 将业务流程变革纳入培训计划。
3. 将业务流程变革纳入领导力计划。

创建与变革相关的特定沟通

当开始进行组织沟通流程变革时，一个决策导致罗德和安妮返回沟通的通用元素（见第5章）。首先，他们必须确定正确的权力基础，以提供与特定变革相关的沟通。若修改需要使用有说服力的信息，由于个人可能会忽略变化和/或难以监管，他们需要找到可以信赖的传递信息的人。如果需要遵守这些调整（对个人来说没有协商的余地），那么这些信息需要来自权威人士。一旦他们对"谁"做出了决定，他们就必须确定信息的目的（如服从），以及哪种媒体形式是传递该信息的最佳方式。有时，对于业务流程变革的单一决策，只需一次沟通即可。其他时候，记住信息对人们来说很重要，因此需要针对同一条信息计划多次沟通（记住频率规则）。罗德和安妮决定开发一种供工作委员会成员与其利益相关方使用的沟通方式，以跟进一些特定的与流程转换相关的沟通。他们了解到，当变革对某个群体的影响特别大时，这种沟通方式尤其重要。此外，这种沟通方式还要求成员们谨慎地控制与公司的沟通。工作委员会成员大多对这种帮助表示感谢，因为他们通常很难有效地表达信息。他们普遍认识到，罗德和安妮提供给他们的沟通方式比他们使用的任何沟通方式都要好用。如果他们确实反对罗德和安妮添加到信息中的某些内容，罗德和安妮会通过为利益相关方编制沟通组件的方式来获得重要反馈。

第 7 章　分析业务流程变革

将业务流程变革纳入培训计划

有时，将与业务流程变革相关的信息和沟通纳入运营人员在项目可交付物移交至日常运营前接受的培训中会更好。在做出这种决策之前，务必确保公司同意该方法。

在考虑是否将业务流程变革纳入培训计划时，应将培训分为两个不同的部分：功能培训和能力培训，这是有用的。

- 功能培训通常被视作为软件培训的一部分，由供应商在软件安装期间提供。通常，此培训侧重于软件产品的功能和特性，主要教用户如何在软件的各个界面中进行浏览和操作。

- 能力培训侧重于培训用户如何在已变革流程的工作流中使用软件。这里的重点是教用户如何使用该软件来完成工作。

项目经理经常会肤浅地看待培训并提出这样一个问题："要使项目成功，人们需要知道什么？"我建议在执行培训计划时关注这个问题："要使项目成功，人们需要做些什么？"专注于"做"而不是"知道"，是项目成功的一个关键要素。第二个问题将范式从学习解决方案转变为与工作相关的解决方案。本质上，人们是在工作，因此应该专注于"做"而不是"知道"。

作为"振兴项目"的一部分，在开发对业务流程的支持时，罗德·汤普森决定将众多变革纳入培训计划。他让培训专家史蒂夫·本森与首席商业分析师保罗·瑞恩密切合作，尽可能多地将流程变革材料纳入培训计划。在计划阶段，保罗和史蒂夫必须弄清楚他们将如何获取需要添加到培训中的信息。然后，史蒂夫将与提供CRM系统的卖家合作，将能力培训纳入经销商提供的标准培训中。史蒂夫了解到供应商通常只提供功能培训，因此他需要编制许多与流程变革相关的培训材料。

作为质量保证的要素，罗德指示史蒂夫和保罗与工作委员会中不同的成员合作，以确保他们对培训方法和内容感到满意。罗德希望确保在将培训交付给CRM系统的最终用户之前就能得到工作委员会的认可。

史蒂夫还了解了其他关于CRM系统的信息，并确定最好的处理方式是开发与CRM系统中不同交易相关的简短模块。模块被定义为短期学习课程，各模块结合起来形成一个更大的培训计划。然后，他与同样熟悉该系统的工作委员会成员一起协作，以确定哪些模块适合不同功能组中的人员。这样，培训将对每组人员进行量身定制和针对性培训，并且使流程变革更加适合他们的需求。他们不会被迫地接受与他们无关的数小时培训，因为他们都很忙碌，史蒂夫知道商务人士会欣赏这种方法的。

最后，史蒂夫意识到，当人们忘记了培训内容，或者在培训结束后CRM系统并没有达到预期效果时，人们需要知道如何寻求帮助。因此，他与IT服务台经理建立了联系，以了解项目完成后的持续支持工作。他和这位经理制定了一系列步骤，以便在任何人需要时提供帮助。他优先考虑将这些信息纳入培训，以便人们可以找到他们需要的帮助。

将业务流程变革纳入领导力计划

一个关键要素是传达各种流程变革将如何影响公司，并确保公司领导承诺支持新的CRM系统。罗德和负责人宝拉·达尔伯格制订了一个计划，将业务流程变革推广到中层管理人员。这些人负责监督大部分工作，因此获得他们的支持至关重要。作为计划的一部分，罗德和宝拉要求高级经理与向他们报告的经理一起参加管理承诺会议，会上将首先展示迈德医疗科技公司正在使用的新软件包。他们意识到，管理人员更有可能参加演示会议而不是政策讨论会议。作为演示的一部分，领导会议的工作委员会成员将重点介绍业务流程变革，其出发点是让高级管理团队及相应的工作委员会成员优先考虑加强对这些修改的有效实施。管理承诺会议的最后一部分将明确要求这些中层管理人员提供支持，并承诺正确使用"振兴项目"中的CRM系统。

制定初步绩效衡量标准

沟通业务流程变革的最后一个要素是制定初步的绩效衡量标准。还记得第1章吗？通过有效的沟通将项目与战略联系起来，其中一个重要的联系是绩效衡量，以证明战略所设想的绩效改进确实发生了。宝拉和罗德意识到，必须用一种（不需要几十种）简单的方法让业务人员将改进的绩效与项目联系起来。

罗德·汤普森理解这个概念，并与工作委员会成员协作，为"振兴项目"制定了绩效衡量标准。他和工作委员会查看了变革案例（见第6章）及他们为"振兴项目"提出的一些示例，以说明CRM系统将产生的变革，如图7.2所示。罗德和工作委员会现在将"振兴项目"与迈德医疗科技公司的具体绩效改进联系了起来。当安妮·加西亚开始围绕"振兴项目"进行业务流程变革执行沟通时，这些是该项目如何提高公司绩效的具体示例。

```
目标  →  绩效改进  →  衡量指标  →  指标改进
```

更快的产品开发速度	缩短新产品的开发周期	从研发到上市的时间	将上市时间从18个月缩短至12个月
更有效地响应客户的订单	将订单输入错误减少为零	每月错误率	6个月内将每月的错误率从3%降低到1%
减少制造原材料的库存量	通过有效的调度实现制造材料的准时交付	供应商加急订单数量	截至第一年年底,将紧急订单数量减少一半

图7.2 业务流程变革的绩效衡量标准

本章要点:

- 分析业务流程变革可为培训计划和领导力计划提供输入。
- 创建与业务流程变革相关的特定的、有针对性的沟通。
- 制定初步绩效衡量标准。

所有这些都是为了获得对项目工作的支持。在第8章,我们将介绍如何通过沟通来对新业务流程提供支持。

第 8 章

对新业务流程提供支持

无论项目经理如何成功地为公司领导层和用户做好准备，都需要认识到，倒退（所有人回到旧的工作方式）几乎总会在某个时候发生。即便你已经为领导团队，特别是发起人和支持者，提供了项目所需支持的脚本，但高级经理忘记项目并墨守成规的趋势依然是不可避免的。因此，问题不应该是"为什么会这样"，而应该是"我该怎么办"。本章的重点就是回答该问题，并阐述沟通在回答这一问题中扮演的角色。

解决公平因素

建立一个更广泛的主题专家网络，这不仅可以强化人们对关键变革的共鸣，还能提供对现实的检验，即变革不是以随意的方式进行的，而是有条不紊地以更公平的方式来满足更多人的需求。解决公平因素的一个基本规则是：为项目业务流程变革提供支持，以做出决策。

如何处理领导者倒退的情况

当项目发起人丽莎·拉姆齐错过与负责人宝拉·达尔伯格的更新会议时，罗德遭遇了"领导者倒退"这个问题。他有理由相信，进度表中偶尔可能会出现冲突，导致丽莎错过更新会议。然而，罗德通常是在与宝拉定期会面的前一天或当天早上，也就是最后一刻才得知会议被取消的消息。

罗德认识到，如果他不能快速有效地解决这个问题，这种情形可能会导致进一步的困难。他认识到高级管理团队可能会倒退，所以他不允许这种情况发生。为此，先是安排与宝拉会面，提出了他的担忧。宝拉，正如你所想，不会表现出她在批评自己的上司，但她承认罗德的担忧。他们一起审查了向丽莎提供的信息所使用的格式，看看这是否可能是问题的根源。经过审查，他们得出的结论是：这些信息看上去符合丽莎在项目启动时提出的要求。然后他们查看了开会的频率，看看这是否可能是丽莎不愿参会的原因。他们得出的结论是：也许他们可以将进度表中的开会频率改为每两周一次，而不是每周一次，并尝试将会议限制在20分钟内。简报只包括项目亮点、难题、问题或需要丽莎提供帮助的事项。此外，每周的书面报告就足以涵盖诸如进度表和预算之类的标准项目了。罗德和宝拉随后写了一封电子邮件。在邮件中，他们向丽莎提出请求，说明下一次状态会议的目标是确定如何更新丽莎的项目进展。

　　一周后，他们召开了会议，丽莎表示她确信该项目进展顺利，不再需要每周更新一次。罗德已经预料到了这个回应，并提前与宝拉合作解决了这个问题。他们同意将开会频次改为每两周一次。不过，罗德确定在项目结束前的最后两个月，他们需要丽莎的参与。因此，宝拉做好了准备，然后要求丽莎恢复"振兴项目"最后两个月的每周例会。丽莎欣然应允。三人还一致同意了罗德和宝拉在两次会议之间向丽莎提供状态报告的格式。罗德担心另一个关键利益相关方可能会问丽莎一些她不知道或没准备好回答的问题。他的经验是，这些问题不是CRM系统用户可能会提出的详细问题，而是更具方向性或政策性的问题。例如，丽莎可能会被销售部副总裁尼克·温特斯询问关于销售代表将订单直接输入CRM系统的要求。丽莎需要知道工作委员会在工作组审查后提出的要求和建议，然后，作为发起人，丽莎可以询问尼克，对于测试他所听到的内容这一要求，是否有什么担忧。如果存在疑虑或错误信息，

> 有时，项目领导会认为自己不再需要参与项目。你必须准备好应对并做出回应。在大多数情况下，这种情况应列在你的风险登记册中，其他所有对你的项目有潜在风险的情况也应列在其中。其他有经验的项目经理对此可能不同意。贵公司在重大项目实施方面的跟踪记录应能为你的结论提供指导。

丽莎可以提醒宝拉和罗德，以便他们解决问题并向尼克提供正确的信息。

如何处理其他关键人员倒退的情况

可能会出现另一种常见情况——工作委员会成员不再参加会议。请记住，工作委员会成员被选中来代表他们在公司内的职能小组（他们的利益群体）。关于工作委员会成员对项目可交付物的整体沟通和验收的重要性，请参阅第7章。

有时候，没有任何预警，工作委员会的一名重要成员开始缺席会议，这对你的项目构成了潜在危险，你必须迅速处理。话虽如此，我意识到，那些有可能被选为工作委员会成员的人也

> 今天，出于多种原因，身份认同对组织至关重要。它作为一种黏合剂，将员工们凝聚在一起，以支持组织的总体目标和使命。
> ——皮特·布里尔、理查德·沃斯

可能会被选为组织内其他项目工作组的成员，有时这会导致优先事项发生冲突。保持工作委员会成员专注于项目的最有效方法之一是，通过发起人与决策团队合作，让项目成功成为衡量那些被选中的个人的绩效的关键指标。如果他们无法支持该项目，或者该项目未能交付，他们的年终奖金将受到不利影响。迈德医疗科技公司在"振兴项目"中就采用了这种方法。

罗德开始担心工作委员会成员销售部经理加里·斯泰尔斯会缺席会议。罗德没有察觉到公司发起了另一个新的项目，因为CRM系统对迈德医疗科技公司的销售和营销团队非常重要。他解决问题的第一步是请宝拉·达尔伯格（作为负责人）与加里交谈，看看她是否能找出加里缺席的原因。宝拉同意开会，她和加里就"振兴项目"及加里作为销售团队代表的角色进行了坦诚的讨论。事实证明，加里参与了美国和加拿大大型医疗保健组织的重要销售

机会。他认为，他在经营业务方面的责任超过了他对"振兴项目"工作委员会的责任——更不用说，如果迈德医疗科技公司产生了订单，他个人会获得可观的奖金。

宝拉向罗德反馈，他们认为这是丽莎作为发起人需要干预的情况之一。宝拉通过丽莎的助手安排了一次电话会议，因为丽莎要出差数周。

如果工作委员会的主要成员继续缺席会议，他们两人就向丽莎介绍他们所面临的困境的背景。他们讨论的替代方案有：①用另一位销售部经理取代加里；②重新调整加里的优先事项，让他重新专注于"振兴项目"。在这种情况下，显然的麻烦是，加里并不向丽莎汇报工作，因此丽莎无法指导他的优先事项。然而，在会议结束时，丽莎承诺会打电话给加里的上司尼克·温特斯，并讨论如何处理加里对工作委员会和公司财务状况的承诺。

一周后，丽莎回来向宝拉反馈说，她和尼克已经找到了解决问题的方法，加里将继续定期参加工作委员会会议。解决方案的细节并没有透露给宝拉或罗德，但他们也不需要知道，他们已经有了项目成功所需的东西——一个全身心参与的工作委员会成员。

我希望你能通过这个场景了解到，作为项目经理，与发起人和支持者之间的沟通将帮助你防止业务内关键人员的支持被削弱。作为项目经理，你很少有影响力来处理像罗德和加里这样的情况。使主要利益相关方保持一致是高级管理团队的主要职责之一，并且你必须依赖他们履行这一责任。大多数高级管理人员在理解了如何支持项目及何时支持项目后，都非常愿意伸出援手。

紧迫性和决策

高级管理团队和工作委员会的决策也具有紧迫性。在项目早期，项目经理必须清楚地了解与项目相关的决策的速度与需求之间的平衡。如图8.1所示，需求的速度和紧迫性可以决定项目经理需要高级管理团队做出的决策类型。

另外，项目经理必须了解高级管理团队内部的政治，不要期望他们做出超出其控制范围的决定。

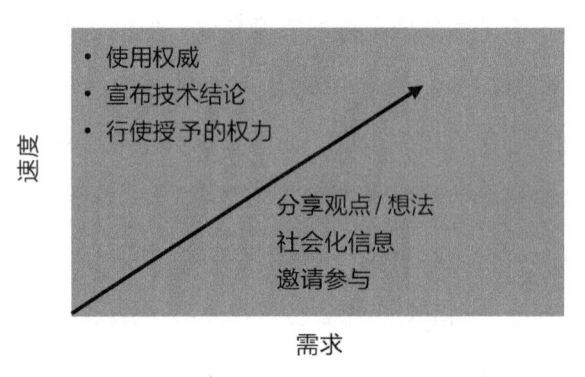

速度

- 使用权威
- 宣布技术结论
- 行使授予的权力

分享观点/想法
社会化信息
邀请参与

需求

图 8.1　决策的紧迫性

从图8.1中可以看出，所需的决策速度越快，或者需求越高，所需要的不同的决策模型就越多。

如果其他部门或职能受到了直接影响，则项目经理有责任采取以下任一措施。

1. 为高级管理人员准备好与其同事会谈的证据和材料。

2. 编制相同的材料，并负责传递相关信息和要求对方做出决策。

无论哪种方式，都与时间有关。重申一下，如果罗德·汤普森要求丽莎·拉姆齐迅速做出决策，因为时间对决策至关重要，那么他必须在一开始就清楚地表明这一点。此外，他必须提醒丽莎，如果决策因任何原因延迟，则必须在信息中包含对进度和预算的影响，以便丽莎和迈德医疗科技公司的其他高级管理人员可以做出业务决策。在某些情况下，出于商业原因，迈德医疗科技公司的高级管理团队愿意在日程安排上牺牲一些时间，因为他们不准备利用他们的单方面权力，对与实施"振兴项目"CRM系统相关的某些方面做出决策。

本章要点：

- 可以通过沟通来克服"倒退"的诱惑。
- 利用主题专家来帮助你沟通新的方向。
- 如有必要，调整高层领导的参与度，但不要让他们"退出"。
- 协助主要工作委员会成员按要求管理他们的优先事项，以保持他们的参与度。
- 始终让领导知道什么时候做决策至关重要。

现在你已经认识到了来自公司各个部门的支持的重要性，第9章将讲述需要包含在计划中的实际任务。

第 9 章
制订运营整合计划

第9章 制订运营整合计划

如果你清楚地了解主动性与绩效改进的关系，那么你就会得出一个正确的结论，即所有的工作都会导致公司的日常运营发生变化。如果你的任务是取得业务成功，作为项目经理，你必须认清一个基本事实——人们非常不愿意做出改变。若你想要证据，想想你所认识的所有超重或高胆固醇的人，他们应该注意饮食并避免吃某些食物，但他们经常做不到；想想你认识的所有吸烟者，尽管有压倒性的证据表明吸烟会损害身体健康，但他们并没有戒烟。所有这些情况都要求人们改变旧的行为，但旧的行为仍然存在。当你的可交付物被引入日常运营时，你需要克服这种继续执行旧行为的本能。这时，沟通对项目成功就显得至关重要了。

一些项目带来了巨大的变化，如迈德医疗科技公司的"振兴项目"，而其他一些项目带来的变化则比较小。但无论哪种项目，它们都有一个共同点，那就是需要将最后完成的产品整合到业务运营中去。然而，许多项目经理并没有意识到转型带来的阻力。同样，许多成功项目的大部分商业价值都没有发挥出来，因为项目经理不知道应该在制订运营整合计划（见图9.1）时使用与其在制定工作分解结构、进度计划和预算时相同的严格性来激励运营中的不同行为。

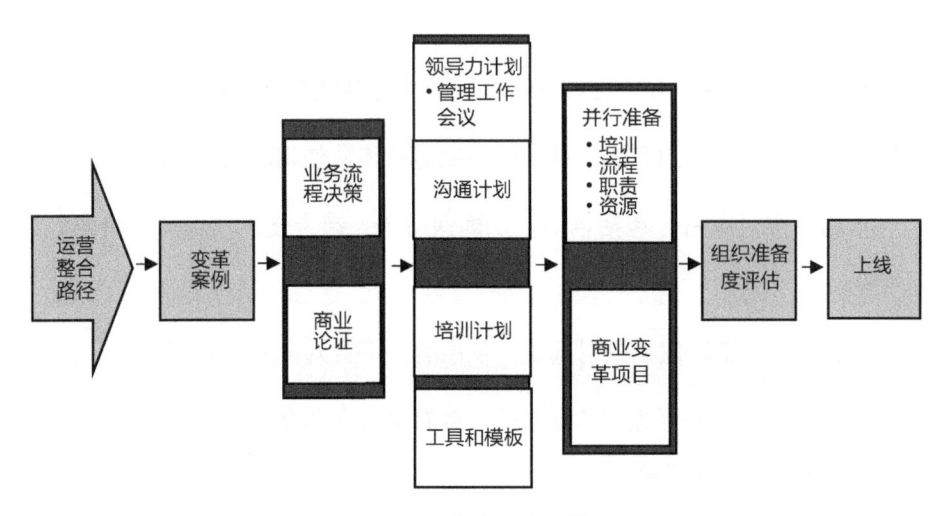

图 9.1 运营整合计划模型

如果你查看图9.2中员工对变革可能产生的反应，就会知道情况看起来可能不太乐观，因为超过一半的员工不会对已完成项目所需的变革做出积极的回应。

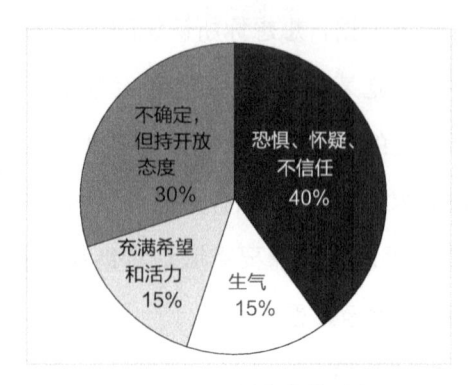

图 9.2　员工对变革的反应

在本章，我们将探索一个运营整合框架，用于制订计划以将项目可交付物成功地整合到运营中去。出于本书的目的，我使用"运营"作为通用术语来表示公司的日常工作。沟通是项目期间与运营整合相关的所有计划的重要组成部分。

确保成功完成项目整合的5个条件是项目沟通的基础。要想有效接收项目可交付物，要求沟通以下5个方面的需求。

1. 变革案例。

2. 在项目交付和问题得以解决之后，让人们理解业务流程变革。

3. 来自项目团队的有效支持，以协助运营团队使用项目可交付物。

4. 做好交付准备，包括培训，以确保每个人都为使用项目可交付物做好了准备。

5. 制定各种变革发生的时间表，使所有人不会对此感到惊讶。

下面让我们逐一了解这5项需求，看看这些类型的沟通如何让运营人员为已完成的项目做足准备。

变革案例

第6章介绍了重要的变革案例（返回该章查看"振兴项目"的变革案例可能对你有帮助）。这里有一个重要的额外想法是，使用逐步操作的策略来"翻译"和传达变革案例。为了说明这一点，让我们看看罗德·汤普森如何通过"振兴项目"来解决这个问题。

在早期阶段，罗德与安妮·加西亚和项目团队的其他成员一起制定了一份文件草案，如第6章所示。然后他向工作委员会做了简要介绍，要求与工作委员会成员一起预览变革案例，并报告他们的反应。罗德使用的方法的优点有两个。

1. 工作委员会成员可以将变革案例中的内容"翻译"成各位成员认同的文字。

2. 工作委员会能够就人们在讨论期间对项目提出的问题和意见类型向项目团队提供反馈。

这两个都是重要的优势，可以帮助你成立各种职能小组，并计划额外的活动，以解决人们在沟通的早期阶段提出的问题或疑虑。

在第17章，我将提供一些适用于项目执行阶段的其他想法，这里只讨论运营整合的规划。

理解业务流程变革

在项目过程中，公司的日常工作方式将发生若干变化。例如，"振兴项目"将改变以下工作方式。

- 销售代表输入客户订单。
- 计划内产品的生产。

- 仓库跟踪库存和产品派送。

- 营销部门为未来的营销计划挖掘客户数据。

- 信用管理客户的账户和信用额度。

- 应付账款的计费和发票处理。

以上这些只是项目引入流程变革的一些高级示例。工作委员会在工作期间详细调查变革（见第7章），所有这些修订都必须传达给公司上下各部门。在这一点上，我们的想法是制订一个传达该信息的计划。

罗德·汤普森制订了一个计划，在项目执行阶段，每两周与工作委员会进行一次特定的沟通。他要求安妮·加西亚在流程变革非常明显时，为每个业务部门提供具体的书面材料。此外，他计划在公司内部网站上开设"常见问题"栏目，供所有重要利益相关方参考。罗德还确保培训专家史蒂夫·本森制订了培训计划，将业务流程变革纳入为CRM系统的用户准备的培训中。

项目团队的支持

在项目过程中，很显然，各种工作辅助工具将有助于人们应对流程调整，因此做好计划很重要。罗德·汤普森在他的项目计划中为培训专家史蒂夫·本森留出了40小时，用于构建各种工具和模板（包含罗德指定的培训时间）。如果需要在培训课程之外进行宣贯，罗德还需要引入各种工具以帮助利益相关方。例如，他推迟了一些工具的实施时间，因为在实施之前，系统界面发生了细微的变化。在这种情况下，他计划在系统上线之前推迟使用显示屏幕截图的工具。为此，他需要与史蒂夫·本森协作制订分发这些工具或模板的计划，以便为CRM系统的用户做好准备，并且他与利益相关方沟通了该方法。

他还在计划中为安妮·加西亚分配了时间来准备各种沟通文件，以解释史蒂夫开发的工作辅助工具的使用方法，并让各种关键利益相关方知道工具和模板即将推出（根据需要，在培训期间和培训之后推出）。

除了留出构建工具和模板的时间，罗德还在他的项目计划中留出了时间，让商业分析师能够与工作委员会成员合作，创建标准操作程序文档，以获取新的工作方式。这些记录对于在"振兴项目"完成后保持迈德医疗科技公司内部的一致性和可持续性非常重要。他认识到该文档对在项目完成后加入迈德医疗科技公司的新人来说也是非常有用的培训工具。最后，罗德与负责人宝拉·达尔伯格及时制订了计划，用以在项目完成后使标准操作程序文档保持最新的流程。

项目可交付物的准备

利益相关方需要做好的最明显的准备是培训。第10章会更详细地介绍培训，其作为成功实施运营整合的关键要求非常重要。除此之外，还必须计划其他一些要素，其中一个就是项目实施后主管人员对用户的绩效期望。

例如，在"振兴项目"案例研究中，罗德在项目计划中为丽莎·拉姆齐、宝拉·达尔伯格和工作委员会的相应成员安排了时间与各位经理和主管人员会面，会议目的是获得他们的支持。对经理们来说，让他们的下属对正确使用CRM系统负责及接受与CRM系统相关的新职责是很重要的。同时，丽莎·拉姆齐、宝拉·达尔伯格和加里·斯泰尔斯还会见了销售部经理，讨论了CRM系统上线时，销售代表的角色和职责将如何变化，以及销售部经理需要如何让销售代表将正确的信息输入CRM系统。

最后，为了激发大家对新系统的兴趣，传达CRM系统的工作原理，罗德安排了一系列被他称为"演示日"的会议，这些会议利用午餐时间在不同的地点举行。他计划由项目团队的一名成员（通常是商业分析师）和工作委员会的一名成员主持会议。他们开发了一个20分钟的系统来快速地演示CRM系统的工作原理，并预留了处理观众问题的时间。他们决定通过海报和电子邮件宣传会议，同时联系各位经理和主管，鼓励他们及其直接下属参加。这些会议最终在执行阶段举行，并取得了巨大的成功，让人们对新系统产生了真正的兴趣。

了解时间表

时间表本质上是强调各个关键里程碑的项目进度的一个子集。关键利益相关方不需要了解时间表的所有细节，他们只需要了解那些直接影响他们的部分。

罗德与工作委员会成员合作，确定了项目中各个关键里程碑的时间安排。因此，他需要将这段时间纳入项目计划，并思考如何将各时间段传达给更广泛的受众。

这是一个非常重要的因素。传达时间表要求罗德保证项目计划处于最新状态并不断修改，从而保证该重要沟通因素的持续更新。他意识到，过时的时间表可能会导致与关键利益相关方进行重要沟通时出现错误的时间安排。

在表9.1中，当5项运营整合需求都到位时，结果是将项目可交付物成功地整合到运营中。只要有一项需求缺失，哪怕其他需求都已满足，也会导致一定的后果（见表9.1第6列）。从表9.1可以看出，成功满足所有需求非常重要。如果你只满足了其中四项需求——哪怕做得很好，项目最终会出现可交付物整合不完整的情况。

表 9.1　需求缺失模型

需　求	需　求	需　求	需　求	需　求	结　果
变革案例	理解业务流程变革	项目团队的支持	项目可交付物的准备	了解时间表	准备好接收可交付物的运营
	理解业务流程变革	项目团队的支持	项目可交付物的准备	了解时间表	困惑，缺乏兴趣
变革案例		项目团队的支持	项目可交付物的准备	了解时间表	以旧的工作方式继续
变革案例	理解业务流程变革		项目可交付物的准备	了解时间表	沮丧、愤怒和失望
变革案例	理解业务流程变革	项目团队的支持		了解时间表	无视可交付物和缺乏动力
变革案例	理解业务流程变革	项目团队的支持	项目可交付物的准备		浪费精力，缺乏有序进展

拿破仑三分法

当你考虑与人交流时，最好记住历史经验。当拿破仑想发动新的战役时，他就会采用一种策略来赢得将军们的支持。拿破仑意识到，在他的领导团队（将军们）中，他将面对三个阵营的人。第一阵营忠诚并信任他，会跟随他去任何地方。对于这一阵营的人，拿破仑需要做的就是下达命令，因为他们已经准备好了。第二阵营恰恰相反，他们几乎会反对任何建议，并立即告诉拿破仑为什么这是个坏主意。第三阵营是那些不确定的将军，他们会听取皇帝的建议，并根据战役的特点和规避风险的方法做出决策。在试图赢得将军们的支持以便发动战役时，你认为拿破仑会将重点放在谁身上？当然是第三阵营。他知道自己已经有了第一阵营的支持，而他再怎么努力也不太可能说服第二阵营。他的策略是专注于第三阵营，因为如果他让这个阵营同意发起这场战役，那么就会有2/3的将军投入战斗。这将迫使第二阵营别无选择，只能跟上。这种策略被称为"拿破仑三分法"。

在全力沟通并获得运营部门的承诺时，要意识到你可能会在中层管理团队中发现项目交付变革的最大阻力。在交付项目商业价值时，你面临的问题是，该团队负责监督大多数实际执行人员的工作。让他们认可你的计划所提供的价值对计划成功至关重要。因此，规划阶段的关键任务之一是对管理团队，尤其是受影响的中层管理团队进行评估，并尝试确定他们将站在哪个阵营中。这可以帮助你将注意力和沟通集中在正确的地方。

项目经理罗德·汤普森和沟通专家安妮·加西亚使用拿破仑三分法，将迈德医疗科技公司的管理团队分成三个阵营。安妮和罗德计划为每个阵营创建独特的沟通内容——区别不是很大（否则会致使他们对差异做出反应），只是基于他们所处的阵营及项目可交付物将产生的变化来创建沟通内容。

对于第一阵营（从一开始就是"一根绳子上的蚂蚱"），沟通结果非常乐观，他们几乎是"啦啦队队长"般的存在，保持了高昂的热情。对于第二阵营，罗德和安妮在沟通的语气中保持信息量和客观性，没有试图在任何与"振兴项目"相关的事情上说服他们。对于第三阵营，沟通是真实的，同时包括来自组织内受人尊敬的技术专家的观点（这部分内容将在第10章详细介绍）。这意味着罗德必须将时间和活动纳入项目计划——不仅为自己和安妮·加西亚，也为一些经理，他们需要为管理会议准备沟通事宜和/或制定议程，以解决"振兴项目"正在实施的一些关键变革。

本章要点：

- 开始构建与变革案例的运营整合。
- 确保理解流程变革的性质。
- 为人们提供支持以减轻他们在过渡期间的挫败感。
- 准备并传达时间表，以便人们知道事情何时开始发生。

第9章 制订运营整合计划

总之,作为项目经理,你必须准备将项目可交付物交付给运营部门,必须像在构建工作分解结构、进度计划和预算时那样谨慎地规划过渡阶段。如果你采取与罗德相同的措施,你最终将面对一群准备好的、有意愿并有能力使用项目可交付物的用户。做好准备的结果是项目成功实现业务目标和指标——不仅在技术上获得成功,在商业上也获得成功。它建立在强大的沟通基础上——这将是第10章的主题!

第 10 章

为项目编制沟通计划

沟通的基础：一切都与感知有关

你大部分的理解都来自你的感知。每次与个人、项目团队、利益相关方交流时，你都必须牢记他们的观点。如图10.1所示的基本交流模型说明了观点如何影响人们的理解。该模型表明，人们的感知来自语言、文化、判断力和价值观等。人们使用所有这些元素来编码和解码消息，只有当两个圆圈重叠时，才会发生沟通。否则，误会在所难免。在向任何人传达信息之前，请先分析你的受众，问自己以下几个问题：

- 人们需要什么信息？
- 我发送的信息是否传达了一种特定的感觉或态度？（你可能需要根据自己回答问题的方式改变语气。）
- 传递信息的最佳媒介是什么？
- 谁是提供信息的最佳人选？
- 我应该如何传递信息？
- 人们应该在什么时候收到信息？
- 我将如何收到有关人们对信息的反馈？

在最近的一个项目中，罗德·汤普森遇到了几乎所有项目经理都曾遇到的一种情况，并从中吸取了教训。该项目已进入最后几个月，直至那时，项目进展得都很顺利，但最后几个月有可能会毁掉过去12个月建立的所有成绩。围绕该项目的许多问题都很复杂，而罗德的沟通策略存在一个基本缺陷——他已经养成了只通过电子邮件与业务部门沟通的习惯。众所周知，当大量的日常电子邮件（大部分是不必要的）和垃圾邮件混放在一起时，许多人会在一段时间后忽略日常电子邮件，这就是这个项目发生的情况。还好，罗德改正了这个近乎致命的缺陷。这一次，他决定带一位沟通专家来帮助自己为"振兴项目"制订一个全新的、更强大的沟通计划。这就是安妮·加西亚加入项目团队的原因。

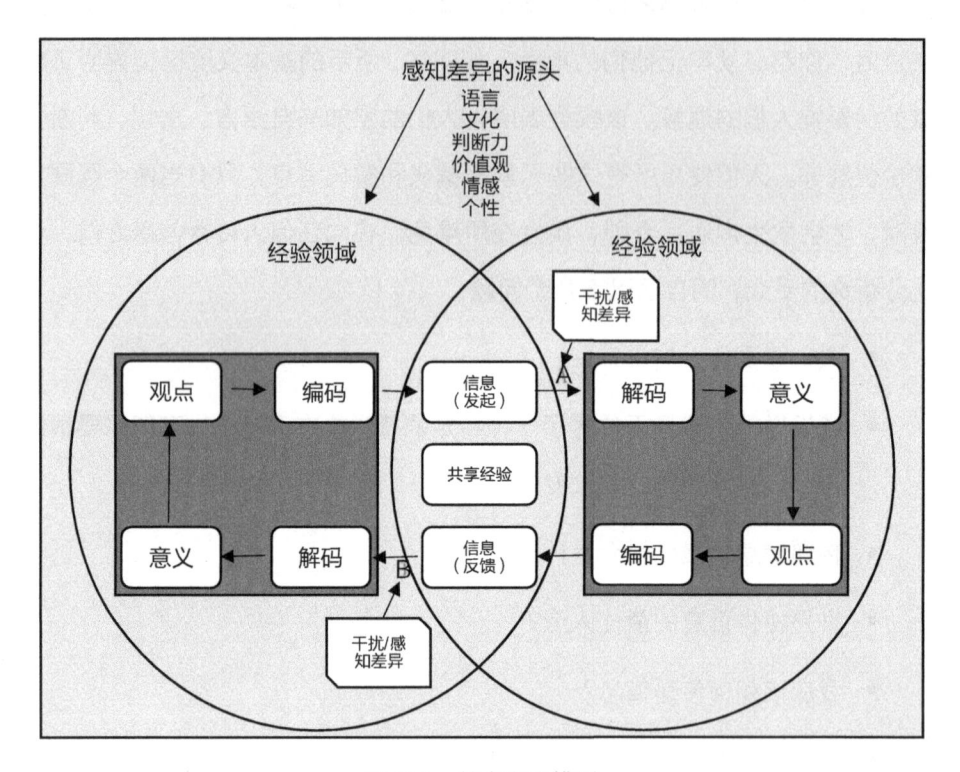

图 10.1 基本交流模型

沟通计划是什么样的

制订沟通计划对于每个项目的成功都至关重要。这是让项目最终用户知道他们将在何时发生什么的最常见方式。下面将详细地研究沟通计划的几个组成部分。

- 利益相关方分析。

- 敏感性分析。

- 信息需求。

第10章 为项目编制沟通计划

- 媒介要求。

- 沟通人员和权力基础。

- 时间要求。

- 通用的定义。

- 反馈回路。

- 宏观和微观障碍。

- 行话和缩略词。

利益相关方分析

一些利益相关方比其他利益相关方对项目更感兴趣。例如，在一个为公司开发新客户信息数据库的项目中，尽管大家都有兴趣，但销售和营销人员可能比制造部的人员更感兴趣。进行利益相关方分析的目的是看看是否可以确定他们会如何关注项目。下面这些例子展示了罗德·汤普森和安妮·加西亚为"振兴项目"所做的利益相关方分析。

- 销售部门关心信息将如何帮助他们向现有客户销售更多产品和服务，以及是否可以帮助他们与某些潜在客户开展业务。

- 市场营销部门关注的是获取有助于识别客户购买趋势的信息。营销人员还希望看到能够表明客户未来可能购买的新产品类型的趋势。

- 研发部门利用市场营销部门提供的信息，开发能够满足新需求的产品，并以能够产生利润的价格制造这些产品。

- 制造部门对订单输入感兴趣，因为它可以计划生产进度，以确保手头有足够的产品可供销售，同时库存不会过多。

- 采购部门希望新系统能够将信息输入财务系统，以便跟踪客户的购买情况，以确保客户不会超过他们的信用额度，并提供信息以跟踪他们的付款记录。

- 管理层希望了解客户的购买模式，以便管理人员能够理性地决定将有限的资金和人力资源投向何处，从而使公司继续发展。

敏感性分析

不同部门的人都有一些独特的利益点，项目经理在制订沟通计划时需要反思。例如，销售人员对任何系统都很敏感，因为这些系统似乎给他们艰难的销售业务增加了一层官僚主义。他们会理所当然地抱怨，然后说："你要我做什么？整天坐在电脑旁输入信息还是在街上卖产品？"这个问题的答案是显而易见的，但是如果项目团队没有考虑到这一点，那么在尝试运行新的客户数据库时就会遇到一些严重的阻力。

管理团队和所有其他团队都会有不同的担忧，但在项目过程中，项目团队解决这些问题的方式同样很重要。

信息需求

不同的群体需要不同类型的信息。罗德·汤普森和安妮·加西亚明白销售人员更关心信息是如何输入和输出系统的，因为他们是最有可能被要求这样做的人，他们处于价值链的前端。营销人员对报告功能更感兴趣，而会计人员更关心发票和付款信息的准确性。会计想知道可以从系统中提取多少信息和什么类型的信息，但厌烦销售人员在输入订单时所需的详细程度。同样，其他每个利益相关方群体都有自己独特的信息需求。罗德和安妮努力将每种类型的信息需求都构建到"振兴项目"沟通计划中（本章稍后将提供一个示例）。

媒介要求

罗德和安妮仔细思考该如何准确地向每个利益相关方群体提供信息。当提到媒介要求时，涉及罗德和/或安妮将用什么工具或渠道来传递各个利益相关方群体所需的信息。他们希望以最有可能成功的方式提供事实，以便人们真正关注这些信息！

因此，罗德和安妮考虑了各种沟通类型，例如：

- 代表大会。
- 演示文稿。
- 员工会议。
- 留言条/便利贴。
- 挂图。
- 门户网站。

> 我重申一个基本观点：发送电子邮件不是沟通！尽管电子邮件可以成为整个计划的一个组成部分，但罗德需要将其作为次要媒介，正如他从之前的经验中学到的那样。

表10.1介绍了常用的沟通类型及其特征，打√的选项表示通常最有效的情况。

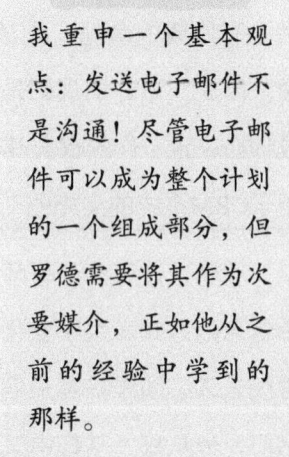

表 10.1　常用的沟通类型及特征

沟通类型	小组	个人	书面	口头	正式	非正式
电子邮件		√	√			√
报告		√	√		√	
面对面会议	√			√		√
演示	√		√	√		
电话会议	√			√	√	
代表大会	√			√	√	
打电话		√		√		√

沟通人员和权力基础

考虑谁是沟通信息的合适人选。这取决于对成功完成该信息所需的权力基础的思考。正如表10.2所示，不同的权力基础会产生不同的信息沟通结果。例如，你会注意到最具说服力的权力基础是专业知识。作为一名沟通专家，安妮知道，如果"振兴项目"需要沟通一条信息，而她期望的结果是说服人们，那么她需要让被目标人群视为专家（无论是内部专家还是外部专家）的人沟通该信息。如果某条信息表明变革是强制性的，并且在项目完成后没有协商的余地，则该信息必须由利益相关方的执行官或高级经理来沟通。因此，最好的规则是选择与你想要的结果相匹配的权利基础。你需要完成什么决定了你的权力基础和沟通目的。那么，"振兴项目"如何将这一点应用于CRM系统的实施呢？

罗德通过商业分析师发现了一个关键领域，那就是销售代表跟踪现有客户信息的方式发生了变化。他考虑过让销售部副总裁尼克·温特斯这样的领导就未来必须维护客户信息的方式发送一条信息——这是一个合理的想法。然而，他从权力基础中又发现了一种策略，那就是让销售团队中的一名成员作为沟通者。这就是罗德和安妮最终决定处理这种特殊情况的方式。

表 10.2　权力基础如何影响信息沟通的结果

权力基础	期望结果	实际结果
专家	说服	强，特别是在细节或技术领域
崇拜	自愿遵守	强，但不是每个人都会有同样程度的崇拜，所以遵守程度可能各不相同
奖励	激励	不同的人被不同的奖励所激励，因此除非奖励是针对个人量身定制的，否则结果很易变
权威地位	强制性合规	只有当业务部门相信管理团队会强制执行合规性时，这种权力基础才会产生结果
强迫	因害怕后果而遵守	通常会造成很大的阻力，有时甚至会造成破坏

他们决定，项目团队将为销售部门的一位真正的"明星"（被整个销售

团队视为成功的销售代表）提供全新CRM系统的演示（或原型），并要求他提供关于如何提高销售能力的建议。在与供应商协作准备了一场巧妙的演示后，罗德和安妮要求这名销售代表与他的同事谈谈他看到的好处。结果，罗德他们看到了销售团队与之前完全不同的反应，以至于尼克·温特斯随后专门过来感谢罗德和安妮！他一直很不愿意在这个问题上与他的销售团队对抗，但如果需要，他愿意这样做。他很感激罗德和安妮找到了另一种激励销售代表的方法。他意识到销售团队真的会听取一位同行的意见，因为这位同行作为专家，凭借自己的业绩受到了大家的尊重，而不是凭借职位（就像他作为销售部副总裁一样）。业绩对销售人员来说是真正重要的衡量标准。

时间要求

在正确的时机沟通信息很重要。如果你过早地沟通信息，人们可能会提出你还无法回答的问题！他们可能想要一些比你能提供的更多的细节，尤其是在项目早期。如果你很久之后才沟通信息，那么受项目影响的人将很难跟上项目的进度，他们可能会觉得你在没有考虑他们意见的情况下做出了决策。虽然你并不是真的需要获得他们的同意，但正确安排你的信息沟通时间会让他们觉得你正在寻求并获得他们的同意，这将为你赢得来自最终用户的真正支持！

通用的定义

通常在不同的行业，甚至在同一行业的不同公司，都会有一种独特的、固定的语言，迈德医疗科技公司也是如此。重要的是，作为项目经理，罗德要确保他雇用的所有服务于"振兴项目"的承包商或顾问都知道公司内部使用的具有独特定义的术语和行话。为了确保自己做好了准备，他要求安妮·加西亚采访内部主题专家（如工作委员会）并制定迈德医疗科技公司所使用的术语和行话词汇表。安妮准备了一本"词典"，并将其放在项目网站

Communications Skills for Project Managers

上，以便外部人员可以轻松参考，直到他们学会了这些行话。

反馈回路

在所有的沟通计划中，都需要有一个反馈回路来评估信息是如何被接收的。有时，基于错误的方式，人们对沟通的理解可能会导致意料之外的误解或其他后果。这也是正常现象。确保每个相关人员都理解通用的定义是防止这些误解发生的一种方法。然而，对信息的不同解释可能会导致人们得出与预期不同的结论。因此，确定沟通是否被正确理解的唯一方法是建立一个反馈回路。

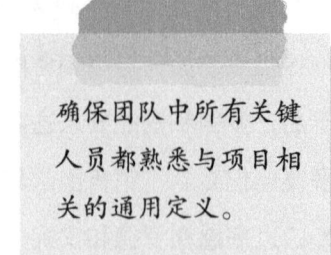

> 确保团队中所有关键人员都熟悉与项目相关的通用定义。

罗德在"振兴项目"中建立反馈回路的方式是与不同利益相关方群体中的一些关键人员建立关系，并在某个关键沟通结束后与他们联系。他还要求其主要团队负责人保罗·瑞恩（商业分析师）、约书亚·拉尔森（技术负责人）和卢克·约翰逊（IT部门联系人）与他们负责的业务领域的关键人员建立类似的关系。他们都在寻找相同的东西：人们对某条信息的反应，以及他们在工作之余所说的话。这有助于罗德和安妮确定各种沟通是否成功，或者他们是否需要完善或修正信息。

建立反馈回路的另一个好处是，它可以让你了解有关项目的谣言，并尽快、全面地澄清这些谣言。这会让利益相关方相信你倾听了他们的意见，从而大大减少他们对项目的焦虑。

宏观障碍和微观障碍

在制订沟通计划时，请务必考虑宏观障碍和微观障碍。其中一些障碍是显而易见的，另一些则并不那么明显。但所有的这些障碍都是非常重要的，需要加以考虑并制订有效的计划。

宏观障碍是那些阻碍有效沟通的大障碍。其中一个宏观障碍是地理位置。如果潜在客户分散在多个地点，显然沟通起来会更加困难，你需要考虑如何处理这种情况并克服障碍。另一个宏观障碍是语言障碍。在制订沟通计划时，不同的国籍和文化将是一个主要考虑因素。让来自不同语言背景、国家或文化群体的项目团队成员协助沟通，对项目成功至关重要。

微观障碍要微妙得多。一个明显的例子是人们作为一个群体，对项目的最终目标或成功所持有的态度。或许几年前人们就尝试过类似的项目，但失败了！现在每个人都认为这个项目的商业理念有缺陷，永远不会成功。项目周围也可能存在其他类似的微观障碍，在你确定如何与人沟通时需要考虑这些障碍。

行话和缩略词

沟通时，应只使用沟通计划中的利益相关方使用的行话和缩略词，对于各职能小组，你很容易使用与该职能小组常见或流行的行话和缩略词，但其他人对此并不熟悉。缩略词的一个简单示例是AMA，如果你与一群商业人士交谈，他们可能会认为你指的是美国管理协会（American Management Association）；如果你与医生交谈，他们会认为你指的是美国医学会（American Medical Association）。

开发有效的信息

项目沟通是一门艺术，也是一门科学。你做得越好，你的项目就会越顺畅。你必须提供足够的信息，以便让团队成员了解情况，同时又不会让他们感到厌烦。每个字都很重要。你发送什么、发送给谁及何时发送自始至终都是需要注意的问题。如果对信息有疑问，请务必先等等。但是，当你决定说些什么时，以下这些指南应该可以帮助你准确地确定要说的内容（无论你选择哪种媒介）。此外，你也可以参考表10.3中的沟通计划示例。

111

表 10.3 沟通计划示例

利益相关方	敏感性	信息需求	媒介	谁来沟通	时间	反馈	丰富性	目的	权力基础	障碍	定义、缩略词等
发起人丽莎·拉姆齐	非常忙碌且对细节不感兴趣	相对于预算和时间表的进展	一对一会议	罗德·汤普森	每周	在会议过程中	非常丰富——一个人	通常只有差异	权威	进度	注意不要使用 IT 行业的缩略词或其他不熟悉的行话
工作委员会主席宝拉·达尔伯格	难以平衡各种特性和责任	问题：技术和组织计划中的潜在延迟	一对一会议	宝拉·达尔伯格	当问题发生时	即时	非常丰富——一个人	如果出现问题，为发起人或决策团队做好准备	专业知识	相互冲突的优先事项	注意不要使用 IT 行业的缩略词或其他不熟悉的行话
工作委员会成员	基于其职能和需求的狭隘视野；相互冲突的多个优先事项	提供了足够详细的信息和不同的选项，使他们能够评估利弊并提出建议	根据需要召开会议：根据问题的大小或涉及的风险，可选择其他信息传递方式从会议到电子邮件不等	工作委员会主席员（在项目经理的支持下）	如需	工作委员会主席员需要检查各职能部门的工作委员会成员是否在寻求同事的意见	可以收到大部分书面信息，坏消息除外	让他们参与进来，以便他们在其职能团队中提出解决方案	专业知识	不同职能部门需求不同	保持面向业务而非 IT 的语言

112

第10章　为项目编制沟通计划

- 始终先草拟信息，然后在发送前仔细编辑。这将使你所传达的信息更加简洁，并确保涵盖了所有必需的要点。

- 考虑受众的期望、信息中要求采取的行动，以及你在传递信息之后的期望。

- 证明你选择传递信息的媒介及传递时间的合理性。

- 明确目的，以识别问题、介绍背景或机会作为信息的开头。

- 在信息中明确并具体地说明所有必要的操作。

- 尽可能简洁，不要显得麻木不仁或粗鲁。

- 永远不要临时发布信息，尤其是坏消息。例如，如果你打算在会议期间讨论某个问题，请确保合适的人在他们参会之前就知道你即将说些什么。

如果你在规划沟通时遵循了与制定工作分解结构、进度计划和预算相同的严谨性和纪律性，当人们评论他们对项目的了解程度和满意程度时，你会对沟通产生的美妙结果感到惊讶。

本章要点：

- 仔细考虑利益相关方。
- 理解利益相关方特有的敏感性。
- 考虑利益相关方所需的信息及如何将信息提供给他们。
- 了解影响沟通时间的因素。
- 管理所有的沟通障碍。
- 谨慎使用行话和缩略词，使用通用的定义。

通过运用本章的建议和技巧，你可以编写另一份重要的文件——项目计划备忘录。把这份文件交给管理团队，并详细解释你计划如何实现业务收益。第11章将介绍这部分内容。

第 11 章

为决策团队编写项目计划备忘录

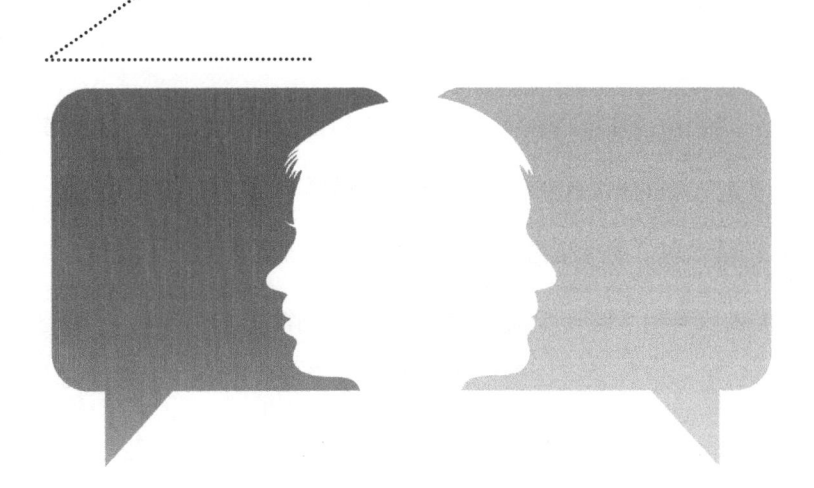

在本章中，我想再次介绍对成功完成项目至关重要的书面沟通形式。毕竟，总体计划是你和团队成员即将实施的，以提供业务主管所期望的最终结果。你最终需要通过项目计划和随附的项目计划备忘录来与决策团队沟通那些进入计划详细规划阶段的工作。

在本章中，我将重点介绍项目计划备忘录（简称备忘录）的重要沟通内容。进入执行阶段后，许多元素，如商业论证的审查，经常被忽略。本章最后将重点介绍编写备忘录（如执行摘要）的具体技巧和建议。

领导层的主要利益相关方必须批准该计划，因为他们将指导项目并为其提供正确的业务方向。备忘录的内容应包括以下几项。

- 修订后的商业论证：根据估算成本、预期业务收益和/或成本节约及风险识别，对项目实施的原因和批准项目的理由进行描述。
- 进度表：显示任务执行的顺序及分配给这些任务的时间。
- 预算：为进度表中列出的各时间范围内需完成的工作所分配或需要分配的资金总额。
- 资源：从公司内外部分配给项目的人员和设备。
- 项目范围的最终定义：项目提供的全部产品和/或服务，加上未包括的元素。
- 工作分解结构：在项目期间必须产生的项目结果或结果的层级，其中每下降一个层级，代表对工作更详细的描述。
- 辅助管理计划：用于支持项目计划的整体管理的补充计划。

领导层需要获得所有这些信息才能批准项目。作为项目经理，罗德·汤普森在进入执行阶段时需要得到他们的同意，以确保他们对"振兴项目"的支持。

第11章 为决策团队编写项目计划备忘录

审查所有沟通的通用元素

在为"振兴项目"编写备忘录时，罗德·汤普森回顾了所有沟通的通用元素（第5章：沟通的通用元素）。下面是罗德分析这些通用元素的方法。

受众分析

罗德知道备忘录的主要受众是决策团队成员。他们是迈德医疗科技公司内部的高级管理人员，他们与"振兴项目"的结果有利益关系。罗德还意识到这些高级管理人员非常忙碌，除了那些影响他们职责范围的细节，他们不太可能深入研究其他细节。因此，罗德决定像编写执行摘要一样编写备忘录。执行摘要使他能够捕捉到所有人都感兴趣的高层次信息。

罗德还意识到，可能还有其他不属于决策团队的二级受众，如领导团队成员，他们也可能会阅读备忘录，但不会阅读详细的项目规划文件。因此，罗德必须对他们可能对项目产生的任何担忧保持敏感性。

目的分析

虽然在"振兴项目"中，项目的目的很明显，但罗德认为他的目的超出了"接受项目计划并批准团队继续前进"这样简单的陈述。罗德决定在决策团队中建立热情，因此他的目的变成了：不仅接受项目计划，而且对"振兴项目"为迈德医疗科技公司可能带来的结果充满热情。

策略分析

罗德仔细考虑了他即将使用的策略。他考虑了大局/小局策略，因为他想展示"振兴项目"如何融入迈德医疗科技公司的企业战略。他还考虑了比较/对比策略，因为上一年有个项目在人们心中留下了不好的印象，原因正是项目期间的沟通非常糟糕。他不希望人们对这个项目的糟糕体验影响他的项

117

目，他想把"振兴项目"与这个项目区分开。然而，他最终确定了问题/解决策略。因为他觉得管理团队对"振兴项目"和CRM系统如何解决迈德医疗科技公司在过去几年中一直存在的问题非常感兴趣。在罗德看来，这些问题给公司带来了太多的痛苦，促使管理团队想为此做点什么。

> 根据罗德所做的分析，他可以选择任意一种策略来编写项目计划备忘录。重点不是他选择了哪种策略，而是他思考之后，相信自己选择的推进路线会帮助自己达到沟通的目的——在决策团队中激发热情。

正式沟通与非正式沟通

罗德意识到这份项目计划备忘录对"振兴项目"来说是一份重要的文件，并要求在编写和提交时都必须相当正式。

口头与书面沟通

在这种情况下，罗德知道他需要编写一组文档，同时进行PPT演示。因此，罗德求助于沟通专家安妮·加西亚，以帮助他制作清晰、专业的文档和幻灯片。这样，在这群高管面前，他会显得底气十足。

审查其他元素

在查看了所有通用元素后，罗德得出结论：他已经涵盖了此刻能影响项目的所有内容，他不需要考虑权力基础或其他障碍，因为他认为这些与他的项目没有任何相关性。作为最后的质量保证步骤，罗德决定与安妮·加西亚和首席商业分析师保罗·瑞恩一起审查他的分析，以测试他们是否同意他的评估。两人向他提供了一些建议，他将这些建议纳入了初稿。

罗德还需审查另一个重要元素——项目的商业论证，以确保该计划仍然可行，以满足业务需求。罗德要求保罗·瑞恩和他的技术团队负责人约书亚·拉尔森仔细审查他们对成本和进度的评估。他想再次估算这些数字，以确保拥有一个有意义的商业论证和一个他可以轻松引入执行阶段的计划。

编写项目计划备忘录

罗德在受众分析过程中，认为很适合编写编写项目计划备忘录，因为大多数管理团队成员都没有兴趣深入研究所有细节。因此，他向安妮·加西亚寻求帮助，请她在提供项目计划中的所有详细信息的同时，帮助他有效地编写执行摘要。在与安妮一起回顾他的想法时，安妮提出了以下用于编写项目计划备忘录的想法。

编写项目计划备忘录的目的

一般来说，项目计划备忘录是对一个更大的计划决策支持包的关键点的抽象化，它描述了管理项目计划和项目风险的准备情况。尽管执行摘要可能经常涉及相同的过程，但项目计划备忘录的主要目的是通知或告知决策团队项目计划、已识别的风险、项目团队需要解决的已发现的问题，以及在规划过程中出现的机会。因此，项目计划备忘录摘要可以与更高级别的文档（它的总结文档）一起使用，也可以作为总结项目的唯一文档单独使用。

编写项目计划备忘录的策略

项目计划备忘录与执行摘要一样，需要进行出色的组织，但与执行摘要相比，项目计划备忘录更有逻辑性。项目计划备忘录从头到尾逻辑必须是清晰的。视觉设计（空白处、版式）应作为逻辑性的补充。特别适合项目计划备忘录的视觉设计技术包括深思熟虑的标题和项目符号。好的项目计划备忘录摘要通常会在标题中包含一条信息，也就是说，如果这些标题都是需要阅读的内容，那么它们将提供各自对应的正文的主要含义；摘要的其余部分将突出支持沟通的要点、结论和建议。

在完成分析并审查了作为支持材料的所有可交付物之后，罗德开始编写项目计划备忘录正文。安妮向罗德介绍了她在参加商务写作培训班时收到的一本指南，他使用了这本指南中的很多技巧，通过构建执行摘要来编写项目计划备忘录。

安妮指导罗德起草了项目计划备忘录的初稿，并建议他：

1. 牢记决策团队有哪些成员。

2. 像和他们说话一样写初稿。

安妮还指导罗德在初稿完成后再进行编辑，而不是一边编写一边编辑，她认为同时尝试编写和编辑的人往往会遭遇写作障碍。罗德采纳了她的建议并提交了一个合理的初稿。现在他已经准备好编辑初稿了。

然而，在他准备静下心来编辑初稿时，安妮建议他先休息一下。她建议，如果可以的话，就远离初稿，把它放在办公桌的抽屉里，过几天再说。安妮建议罗德不要编写完后立即进行编辑。

她的理由呢？她向罗德表示，大脑会有选择性地忘记一些事情。把编写放在一边，他会忘记自己为什么会使用某种方式编写句子和短语。如果等待一两天，他就可以像阅读其他人编写的初稿一样去阅读自己编写的初稿。他将做好准备以批判的眼光看待自己所写的东西，而不是为自己所写的东西辩护。安妮告诉罗德，这是提高写作水平的最好方法。

她还提到了另一个有趣的写作技巧——当罗德放下自己所写的东西时，会发生其他事情。他的潜意识会继续发挥作用，当他重新拿起稿子时，他会发现有些问题已经解决了。对于某些句子的修改，他能很轻松地找到准确的词语。

第11章 为决策团队编写项目计划备忘录

编辑项目计划备忘录

安妮审查了罗德编写的项目计划备忘录初稿,并给了他一些她认为可以改进初稿的反馈。她向罗德指出,重要的是要记住项目计划备忘录是项目经理和管理团队成员之间更加个性化的交流。项目计划备忘录的编写风格虽然不完全是非正式的,但它远不像总结一般项目决策包那么正式。在项目审查的一般决策包中,迈德医疗科技公司采用了基于组织标准和要求的正式风格,决策团队在执行前审查项目时严格使用这些标准和要求。总体来说,对于这些报告,基调应该是中性的。在项目计划备忘录中,基调是积极的,同时带有不同的"旋律",代表罗德对项目的分析、对准备情况的概述,以及他对"振兴项目"给迈德医疗科技公司带来的组织层面的业务影响的关注。

因为项目计划备忘录和执行摘要都是纲要,所以它们必须是有效的。安妮提醒罗德,这些评论代表了一个更高层级文档的摘要,因此它们不应该比总结文档更长!相反,纲要应该非常有效,并允许决策团队快速、经济地处理信息。

项目计划备忘录的编写风格

安妮建议罗德在编辑初稿时遵循以下三个具体的指导方针:

1. 选择具体词汇而不是抽象词汇。

2. 选择单个词而不是短语。

3. 选择短句而不是长句。

安妮还检查了罗德的初稿是否有陈词滥调和行话。她让罗德检查了日期、数字和人员等元素的准确性。最后,她建议罗德使用文档中的校对功能来识别可能写错的字词。

最后,安妮要求罗德完成初稿并删掉不必要的词汇。她提醒罗德,简短和简洁是执行摘要的关键要素。

下面是罗德编写的项目计划备忘录（以执行摘要的形式编写）的最终版本。

执行摘要

将该项目命名为"振兴项目"是因为CRM系统的实施将为迈德医疗科技公司提供一个阶段性变革机会，让公司拥有一个能支持5年内使年销售额超过10亿美元的系统。

问题

过去7年一直使用的系统（CTS）已经过时且不再可靠。我们无法用它来有效地安排产品的制造，导致公司有太多库存，并且不允许销售代表有效地响应客户，特别是当他们需要紧急交货或有特殊订单时。我们还因为交付了错误的设备而导致较多的客户退货。

解决方案

CRM系统的实施将使我们能够：

- 提供即时制造以减少库存。
- 提高向客户交付产品的速度。
- 允许销售代表通过互联网在线访问库存和制造计划，从而快速有效地响应客户的加急订单请求。
- 通过减少会计错误和后勤错误造成的返工来改善现金流。

机会

通过有效地使用CRM系统，迈德医疗科技公司管理层将能够：

- 基于对产品线中价值驱动因素的深入了解，更快地做出决策。
- 在市场波动时期，了解公司的库存和产品组合。
- 更好地了解客户订单，从而更有效地预测客户订单

投资回报

根据我们的计划，项目团队计算出该项目实施后5年内的净收益为1 400万美元。所有计算和假设的细节都包含在所附的项目计划中。

建议

项目团队建议决策团队批准"振兴项目"的整体计划。我们相信这些机会非常值得投资，同时也相信我们可以有效地管理项目的风险。

项目计划备忘录除了具有分析功能，还可以作为项目的总结来指引方向，如建议项目进入执行阶段。事实上，项目计划备忘录通常应以下一步行动或建议来结束。

本章要点：

- 审查所有沟通的通用元素并适当地加以应用。
- 先编写再编辑，不要试图同时进行。
- 使用执行摘要与管理层进行快速有效的沟通。

项目计划备忘录是一个强大的商业写作工具。作为项目经理与决策团队或发起人之间的重要沟通桥梁，它提供了有针对性、有目的、组织清晰、富有表现力且高效的信息。

现在你已经完成了简单的部分——规划。第12章将介绍如何让沟通在项目执行阶段成为一项有价值的技能。

第12章

通过沟通来管理风险

第12章 通过沟通来管理风险

风险被定义为一种条件或事件，如果这一条件或事件发生，将对项目的结果产生影响。虽然存在一些具有积极影响的风险，但大多数项目经理都关注那些具有消极影响的风险。

大多数项目经理在项目过程中必须管理以下三种类型的风险：

1. 技术风险。

2. 业务风险。

3. 组织风险。

这些风险通常分为以下三类：

1. 已知的风险。

2. 可预见的风险。

3. 不可预见的风险。

大多数领导者想到项目的风险时，首先想到的都是技术风险。领导者通常在降低这些风险方面做得非常好，因为它们属于已知的或可预见的风险。然而，他们往往没有考虑到另外两种风险——业务风险和组织风险，两者同样是可预见的，但他们通常没有对此进行评估或计划。如果没有考虑这两种风险，它们可能会影响项目的整体收益。

当项目最终在技术上成功，但项目交付后未能获得当初所设想的经济或其他商业价值时，就会出现业务风险。在本章中，我们将研究可以预见的几种潜在业务风险，并提供几个降低风险的策略的思路，以减少这些风险的影响，或者避免它们的威胁。

此外，预测组织风险也很重要。当公司主动或被动地抵制由项目可交付物引起的变化时，就会引发这些风险。另一个后果是可能会降低项目本应实现的最终商业价值。本章将说明项目经理可能面临的常见风险，并提供风险

Communications Skills for Project Managers

减轻或避免策略。

所有关于风险的讨论必须考虑这些风险的可控性。通常，对于那些具有较高的可管理性的因素带来的风险，需要将有效的沟通作为风险减轻策略的一部分。

在如图12.1所示的传统风险矩阵中，列出的项目通常以x轴和y轴表示的两个维度——影响和可管理性——来查看。当使用沟通作为这些风险的减轻策略时，考虑风险的一个更好的方法是将影响视为y轴上的值乘以可能性，将可管理性视为x轴上的值乘以可管理性。例如，罗德认为一个关键风险是一位关键人员离开工作委员会。但是，他意识到这一风险可以得到很好的管理——通过制定流程来确定每个工作委员会成员的潜在替代者，以减少对方的离开对项目的影响。罗德还意识到另一个问题，那就是提供CRM系统的供应商可能会向他延迟提供一个功能不完善的系统。遇到这种情况，控制局面会变得困难得多，因为它在罗德的控制范围之外。与迈德医疗科技公司内各个利益相关方的沟通既取决于问题的可管理性，也取决于问题对项目的价值和可能性的潜在影响。在这两种情况下，罗德分别选择了不同的沟通方式。对于工作委员会中关键人员的离开问题，罗德表示需要为每个职能确定一名后备人员。他向高级管理团队提出这一要求，并将理由描述为工作委员会成员无法出席会议或在休假时需要有人代班；对于供应商的延迟问题，罗德采取了风险减轻措施以识别潜在的延迟，并与负责人宝拉·达尔伯格及发起人丽莎·拉姆齐进行即时沟通。沟通的目的一是让他们了解情况，二是确保他理解所有的延迟并不是由项目团队的问题导致的。

> 行动计划存在风险和成本。但这些风险和成本远低于不作为所带来的长期风险和成本。
>
> ——约翰·肯尼迪

第12章 通过沟通来管理风险

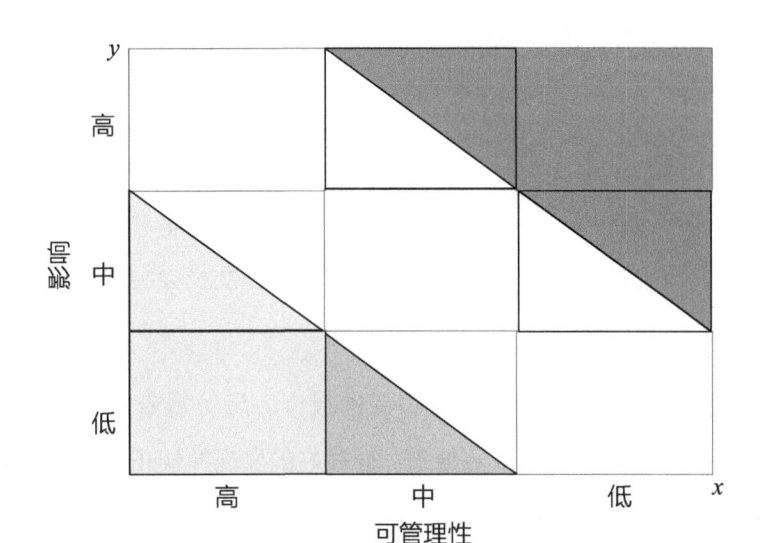

图 12.1 风险矩阵

通过沟通来管理业务风险

除了前文所述的风险，罗德·汤普森还面临一个困境。周一早上，他像往常一样与项目团队举行了状态会议。在审查过程中，技术负责人约书亚·拉尔森报告说，新加坡工厂出现了技术问题。会后，罗德决定详细地调查所发生的事情，以确保约书亚正确地处理了这件事。

约书亚和他的一名关键技术团队成员向罗德提供了问题的粗略概述。由于未知原因（当时），CRM系统在新加坡出现了一些性能问题。当技术小组测试不同的组件时，新加坡团队注意到该应用程序在新加坡的运行速度比其他地方要慢得多。当罗德询问欧洲的团队是否遇到了同样的问题时，技术人员报告说，该应用程序在已经测试过的欧洲地区看上去运行正常。

罗德要求约书亚和他的团队准备一份关于该问题的摘要，包括该问题首次出现的时间及他们正在采取哪些措施来解决该问题。他还想估算在该问题影响整体进度计划之前，团队还可以工作多久（并且罗德可以使用它来评估对预算的影响）。罗德意识到CRM系统发布的显著延迟将严重削弱决策团队批准该项目时所希望实现的商业价值。

罗德想尽快向负责人宝拉·达尔伯格说明情况，所以他向技术团队索要报告，并希望对方在周三下午之前将报告送达他的办公桌上。他谨慎地选择了那个时间，因为他想在周四下午照常举行的工作委员会会议召开之前向宝拉介绍情况。

周三，约书亚按时提供了罗德需要的报告。这份报告涵盖了罗德需要的大部分东西。约书亚为罗德提供了一套很好的发现并纠正问题的步骤。然而，约书亚没有给罗德估算采取这一行动方案所需的时间及该问题可能影响CRM系统发布时间表的临界点。他让约书亚回去做这些估算，并在周三下班之前提交给他。

此时，罗德已安排在周三当天工作结束时与宝拉会面，讨论第二天工作委员会会议的议程。他之前还没有和宝拉谈论过这个麻烦，因为他不想在得到准确信息之前与她沟通。约书亚和他的团队在罗德与宝拉会面之前及时向罗德提供了估算结果。现在罗德已经准备好与宝拉谈论这件事了。数据显示，他们有三周的时间来发现并解决问题。如果他们无法在这一时间段内纠正问题，可以通过调整CRM系统的发布时间表来保持项目的正常进行。项目团队可以选择最后在新加坡推出该项目，不会影响整体的进度。虽然罗德赞赏了这一方案，但项目团队原计划将新加坡作为发布CRM系统的第一个试点，因为新加坡在所有发布试点中面积最小，业务最不复杂。如果换到另一个试点，情况可能会更糟糕，这是约书亚不愿意承认的。有了这些信息，罗德

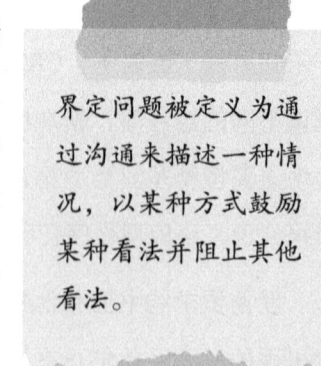

> 界定问题被定义为通过沟通来描述一种情况，以某种方式鼓励某种看法并阻止其他看法。

准备好与宝拉会面了。

在与宝拉就这个问题会面时,罗德意识到她是一个在遇到问题时通常会关心其他人如何反应的人。考虑到这一点,罗德会见了沟通专家安妮·加西亚,讨论如何先向宝拉更好地界定这个问题,然后与工作委员会成员讨论。

在界定问题时,罗德先是告诉宝拉存在某个问题,但他和团队已经有了解决方案。他从会议一开始就确保宝拉不必向管理团队传达坏消息。然后,他详细介绍了团队发现的性能问题,以及他们计划如何处理这个问题。最后,两人决定将这个问题通知工作委员会。

罗德最大的担忧是人们会到处散播流言。他很清楚新加坡同事都知道这个问题,他想阻止这种破坏士气的流言,因为这种流言曾经困扰了迈德医疗科技公司的一个重大项目。罗德和安妮讨论了与工作委员会沟通的计划,该计划反映了他们和宝拉采取的方法。但是,宝拉决定在会前先与工作委员会的某些主要成员简要讨论该情况。他们三人讨论了宝拉将使用的谈话要点:

> 任何以"我不知道如何告诉你这个"开头的事情都不是好消息。
> ——露丝·戈登,奥斯卡获奖女演员

1. 我们知道存在问题,但我们已经有了解决方案。

2. 如果问题无法在规定的时间内解决,项目团队还有时间表和备份计划,以确保项目按计划进行。

3. 我们会及时通知你问题的进展,如果你被问到这个问题,你不会一无所知。

4. 我们需要你提供帮助,让项目团队知道公司内部是否有关于这个问题的流言,以及这些流言是什么。

5. 在妥善解决这个问题的过程中，我们需要你的支持。

这个策略非常有效。工作委员会对宝拉的坦率表示赞赏，并准备好处理可能出现的任何问题。工作委员会成员决定，如果该问题引起了人们的注意，或者作为回答工作委员会成员可能提出的问题的一种方式，他们会使用宝拉与他们沟通时所使用的谈话要点。

通过沟通来管理组织风险

安妮·加西亚在项目规划阶段提出的业务风险之一集中在迈德医疗科技公司的调度小组身上。由于迈德医疗科技公司使用的旧系统对调度程序的功能非常有限，所以调度小组非常擅长使用电子表格来管理他们的工作。他们拥有用于管理产品调度、查看库存产品状态及尽其所能管理工作的各种电子表格。尽管他们知道新的CRM系统会给他们带来很大的好处，但他们并不相信新系统会为他们提供正确的信息来完成工作，而且他们非常不愿意放弃自己当前使用的电子表格。

如果不能说服调度小组放弃使用电子表格，公司将面临冗余和效率低下。如果不能说服调度小组改变固有想法，那么通过提高效率而获得的那部分商业价值就无法实现。罗德·汤普森决定通过召集一个工作组来解决调度小组的具体问题。他与宝拉·达尔伯格协作，定义并传达了该问题，以及他们正在寻求的解决该问题的建议的本质。他们要求华尔特·费雪参考以下两个标准，培养三四个有能力应付整个调度小组的工作组成员。

1. 这些人必须被同事视为其职能部门中最优秀的人员。

2. 如果调度小组中的其他人质疑他们的建议，他们将坚持自己向工作委员会提出的建议。

工作组用了几个星期来审查问题并分析了各种选项，然后建议在调度小

第12章 通过沟通来管理风险

组内分阶段实施CRM系统。他们还认为，只要他们对CRM更有信心，调度小组就会开始停止使用电子表格。当工作委员会接受建议时，他们要求工作组将该信息传递给调度小组。安妮·加西亚与被选中解决问题的三个人一起工作，为他们提供用来解释问题的关键谈话要点和推荐的解决方案。他们使用变革影响评估作为组织信息的方式，并向调度小组演示了工作组用于达成建议的流程。

根据工作组所做的分析和所提供的目标信息，调度小组接受了建议，并认为他们之前的担忧已被听取和解决。调度小组意识到项目团队真的听取了他们的担忧（不像他们在早期项目中的经历），虽然这在他们看来不是完美的解决方案，但肯定是可以接受的。图12.2给出了罗德所做的风险分析与规划的部分内容。

说明：
1. 考虑技术风险（如CRM系统使用的数据可能不准确）、组织风险（如CRM系统要求的更改将被销售人员拒绝）和业务风险（如商业论证中对交叉销售的假设值可能太高）
2. 评估每种风险的影响和可能性
3. 画出可接受的风险承受线（见下例）
4. 为所有识别出的处于风险承受线以上的风险制订风险管理计划
5. 作为规划过程的一部分，完成下面的风险矩阵

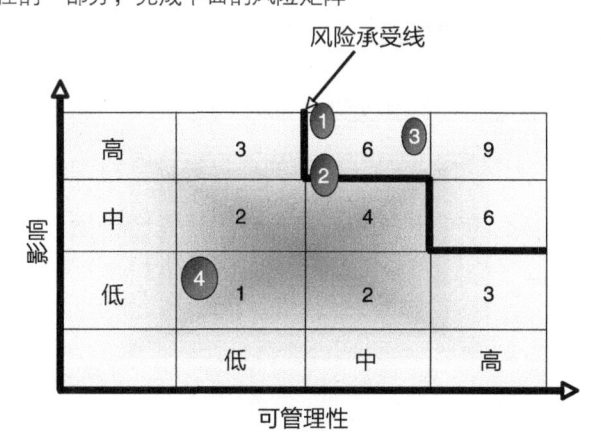

图 12.2 风险分析与规划

风险描述	由谁控制	影响	可能性	敞口	减轻计划
1. 组织风险：其他新项目的开展导致项目关键人员流失	宝拉·达尔伯格	3	2	6	定期与项目成员的部门经理沟通，向其解释项目成员所做工作的重要性
2. 技术风险：CRM 系统不会产生质量数据来取代当前的系统	"振兴项目"团队中的保罗·瑞恩和约书亚·拉尔森	3	2	6	第1步：设置会议室试验并在圣诞节期间运行，以获得用于审查和分析的数据 第2步：工作委员会成员共同分析和改进产出
3. 技术风险：项目的执行需要各职能部门人员在现有的时间内付出太多的努力	"振兴项目"团队	3	2	6	项目执行计划早期安排前端负载关键流程活动，以确保对部门人员的最佳利用
4. 业务风险：授权经销商不会签署拟议的工作流程变革	"振兴项目"团队、宝拉·达尔伯格	3	1	3	目前不需要任何操作监视状态变化

图 12.2　风险分析与规划（续）

通过沟通来管理各种风险

有些风险总会在项目过程中发生，也有很多风险不会发生，计划也只是计划而已。然而，当风险发生时，聪明的项目经理会将沟通作为管理风险策略的一部分。如果人们意识到某个问题，他们通常会帮助创建解决方案。图 12.3 为风险管理过程。

第12章 通过沟通来管理风险

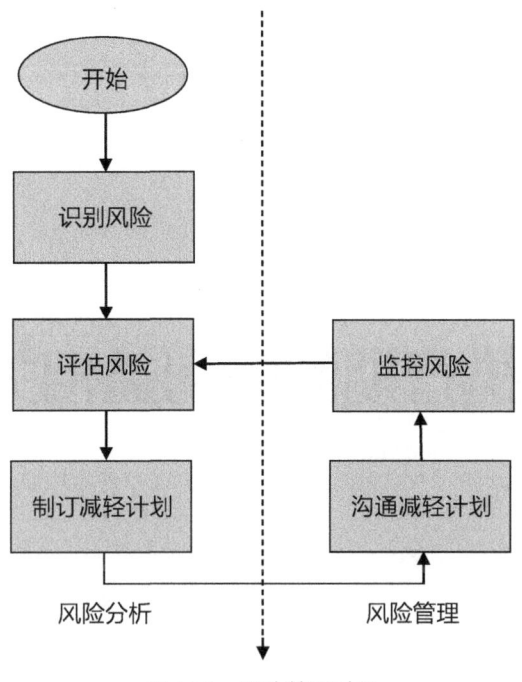

图 12.3 风险管理过程

> **本章要点：**
> - 永远不要让利益相关方对风险的发生感到措手不及，让他们了解事态的发展。
> - 确保正确地描述情况，从而影响利益相关方反应的方式。
> - 如果可能，请保持积极的态度。
> - 制订减轻计划，尤其是对于那些可被管理的风险。

总而言之，对于管理那些可能使项目脱轨的事件和情形，有效的沟通是非常有帮助的。

现在，让我们转向对许多项目经理来说最困难的一种沟通方式——向利益相关方演示。

133

第 13 章

在项目执行期间向利益相关方演示

第13章　在项目执行期间向利益相关方演示

害怕起身与他人交谈影响了许多项目经理的职业生涯，正如《哈佛商业评论》报道的那样，专业人士晋升的首要标准是他们有效沟通的能力。显然，无论是向你的指导委员会、老板还是其他利益相关方进行成功的演示，都可能在你的职业发展中发挥重要作用。虽然本章并不提供向利益相关方演示的完整指南，但你将得到一些为所有利益相关方群体规划建设性演示的思路。

在迈德医疗科技公司的案例研究中，罗德·汤普森被要求向指导委员会演示他计划如何让最终用户准备好使用CRM系统。沟通专家安妮·加西亚指导罗德·汤普森一步一步地编写他的演讲稿。

> 项目利益相关方认为他们有合法的要求……一个成功的项目需要不同利益相关方的共同努力，以实现多个且不完全一致的目标，因为没有他们的支持，项目就无法实现目标。
> ——大卫·克莱兰

确定演示目的

安妮向罗德解释说，为利益相关方群体准备演示文稿的第一步是确定演示目的。据她介绍，缺乏明确的目的是演讲中最常见的两个错误之一。受众们只能挠头思考："那我该怎么处理这些信息呢？"有时在一个项目中，人们会认为项目经理只是在"提供更新"。但更多时候，项目经理确实需要利益相关方做些事，或者必须说服他们同意某些事。因此，对于"振兴项目"，罗德可能会这样定义他的演示目的："我演示的目的是说服决策团队，在项目实施后员工将完全适应他们的新工作。"这与"我的目的是让决策团队了解我们将为用户提供的培训"完全不同。

> 你组织信息的方式取决于你的目的，所以一定要清楚地确定你的目的。

通常可以为演示选择以下五个基本目的之一。

1. 倡导：说服或推销一个观点或方法给受众（这是罗德的目的）。
2. 指导：告知或教导目标受众有关项目的一些信息。
3. 激励：激励受众就与项目相关的事项采取行动。
4. 刺激：刺激利益相关方之间的辩论或讨论。
5. 满足：娱乐或逗乐受众。（这一点在项目中不常见，但仍然是一个可能的目的，后文不再展开论述。）

倡导

销售部经理要求罗德向他介绍项目，以了解公司为什么要朝这个方向发展。于是，罗德向这个利益相关方群体展示并推荐了这个想法：销售人员应该了解CRM系统将为他们及客户带来的收益。这个利益相关方群体将是项目成功的关键，因此围绕这个目的构建演示文稿有助于他们以后提供销售支持。

指导

公司的执行委员会要求罗德向他们概述该项目，以了解项目的全部内容。罗德可能会选择指导作为他的基本目的。他希望执行委员会至少知道项目的进度和业务成果。但是，他的介绍也可能涵盖项目的商业论证和总体目标。

激励

执行委员会还要求罗德向他们做简报，在这种情况下，罗德需要确保他们为项目提供支持，这对项目的成功至关重要。为此，罗德会选择激励作为他的基本目的，他想激励执行委员会让整个组织支持这个项目，因为他担心项目有时会遇到强大的阻力。提供信息以说服执行委员会支持他的项目团队将是成功演示的关键。

刺激

罗德被要求向工作组介绍项目。他希望工作组考虑订单输入表格（在线填写）的可能替代方案，以便在交易录入期间获取正确的信息，供多个部门后续使用。显然，演示需要激发人们的讨论并使他们参与到解决方案的制定之中。他想要的结果是创造这样一种局面：最终结果来自业务本身，而不是项目团队的指令。

请记住，如果你自己都不知道自己在想什么，利益相关方群体又如何能弄清楚呢？

现在让我们花点时间回顾一下第5章。

分析受众（利益相关方）

当罗德·汤普森准备演示时，他需要意识到应针对不同的利益相关方进行信息转化，以便满足他们的需求。例如，他向管理团队提供的材料与向CRM系统的最终用户提供的材料截然不同。两者对信息的需求不同，对项目本身的理解也不同。因此，罗德的下一步是认真思考他正在和谁交流，并问自己一系列问题。

- 谁将是参加项目并影响其他人的关键人员？
- 他们对项目有多少了解？
- 我是否了解他们对项目的态度？
- 我是否有足够的可信度与这些受众交谈，或者我是否需要带上可信度更高的人员？

- 他们希望在演示过程中解决哪些问题或消除哪些顾虑？
- 他们如何接收信息？例如，他们是更喜欢大量的事实和数据，还是更想了解信息如何影响他们？
- 我是否足够了解该群体的承诺水平？
- 谁可能不喜欢我的想法或信息？他们会不喜欢哪些方面？
- 如果项目成功实施，谁会失去或获得权力？

这些问题的答案对于准备好向所有利益相关方群体演示文稿至关重要。为了帮助你回答这些问题，并确保你进行"健全性检查"，我建议你在利益相关方群体中聘请一位教练，他可以告诉你该群体将如何回应你的信息。你需要一位支持你的教练，同时他也会为你提供不加掩饰的真相。

下面看看在本书的案例研究中，谁是利益相关方，其中一些利益相关方显而易见。

- 客户代表。
- 销售经理。
- 营销人员。
- 产品开发人员。
- 制造人员。

这些人对该项目非常感兴趣，因为CRM系统对他们的工作方式有直接的影响，而且这种影响对他们来说显而易见！他们想了解"振兴项目"将如何影响他们的工作和绩效。

然而，罗德还需要考虑其他利益相关方，这些人对项目的成功有极大的兴趣，但出于不同的原因。

- 项目发起人。

- 决策团队。

这些人是为该项目"付费"的人。项目发起人丽莎·拉姆齐负责成功实施CRM系统，包括交付商业论证中概述的价值。根据公司内部的政治情况，这些人可能愿意积极支持该项目，也可能会刻意地与该项目保持距离。为什么？因为很多项目经常无法兑现承诺的价值，尤其是像"振兴项目"这样的大型项目。高管们非常不愿意与他们担心可能会失败的项目扯上关系。因此，让决策团队支持一个计划可能很困难，任何激励他们的演讲都必须包括对成功和奖励的关注。

还有其他利益相关方会受到项目的影响，但不容易被识别，他们是：

- 会计人员。

- 调度人员。

- 运输人员。

- 人力资源部门人员。

他们是如何参与的？在本书的案例研究中有几个例子。

- 会计人员负责生成发送给客户的发票，他们依赖销售部门正确输入客户的信息。他们还需要获得特定客户向他们提出的任何特殊要求或数据。因此，他们对这个项目中发生的细节很感兴趣。

- 调度人员负责调度公司产品的制造和交付。他们关心的是订单及组装产品的任何特殊说明是否被正确地输入了系统，并且严重依赖系统中的数据。否则，他们担心自己可能会让客户失望，并使前端为销售产品所做的所有辛勤工作付诸东流。

- 运输人员依靠CRM系统为他们提供正确的发货说明和数据。

- 人力资源部门人员关注多个方面。例如，新的CRM系统需要在新员工入职培训期间进行新的培训。他们意识到自己的任务是制定新的岗位描述，其中包括会使用CRM系统。

以上这些只是本书案例研究中的几个例子，你可能会想到更多。

在项目期间，对于任何演示，项目经理都必须能够处理利益相关方可能有的任何顾虑或反对意见。一些项目经理试图回避问题，这通常会导致麻烦。例如，罗德知道会计部门和调度部门都担心销售代表不会对将信息正确地输入CRM系统负责。如果他试图回避这个问题，或者认为他们的担忧微不足道，这两个群体将不会支持该项目。为什么？因为这两个部门会觉得自己被要求收拾系统内销售团队制造的各种烂摊子。对他们来说，新系统的实施似乎意味着更多的工作，所以他们根本不会感到兴奋。因此，在演讲之前，罗德与丽莎·拉姆齐和销售部副总裁尼克·温特斯会面，讨论输入数据的责任。他的要求得到了尼克的保证，即销售代表负责将客户信息正确地输入CRM系统。如果他们不这样做，他会严厉地斥责他们并询问原因。现在，罗德可以针对这些关键利益相关方担心的问题给出让他们放心的答案了。

作为演示文稿的一部分，安妮建议罗德收集所有利益相关方可能向他提出的问题，并准备好回答这些问题。

利益相关方通常有两个普遍的反对意见：

1. "振兴项目"提供的CRM解决方案不起作用。
2. 他们不像其他人那样认为公司需要"振兴项目"。

例如，如果演示是关于信息技术的，那么人们很可能会觉得当前用于输入和跟踪客户数据的软件很好用，他们不明白公司为什么急于更换软件。罗德需要为这个问题找到一个答案。他决定要么在演示中介绍它，要么在回答他们的问题时有备用材料作为参考。提前考虑一下具体情况，利益相关方群体应该确定何时解决这些问题。

一种方法是在演示过程中直接面对反对者。这是罗德在向IT团队介绍时做出的决定。他收集了相关事实，并用它们来反驳反对意见。另一种方法是等待，看看是否会出现问题，然后处理它。但是，我的经验是，有时这可能会更难，因为看起来项目经理似乎在试图避免反对意见。在任何一种情况下，项目经理都必须准备额外的信息，以防在反驳这些反对意见时需要这些信息，其中可能包括讲义或其他参考材料。

同样，当罗德·汤普森向市场营销部介绍该项目时，他必须仔细考虑该部门的顾虑和反对意见。当他仔细考虑他们的担忧时，他意识到市场营销部认为推动项目成功的关键因素之一是能够观察客户的购买趋势，并正确预测客户购买的方向。然后，罗德团队会按照这个思路开展宣传活动，并展示公司如何满足市场营销部的需求。市场营销部非常关心CRM系统是否会将他们从旧系统中成功挖掘出来的数据提供给他们。

作为演示的一部分，罗德还意识到，他需要分析自己做出的任何假设，作为演示逻辑的一部分。他还花了一些时间来分析如果假设改变，他的逻辑会发生什么变化。很多时候，人们的担忧来源于不同的假设。当这种情况发生时，项目经理可能需要捍卫自己的假设，或者可能需要根据人们的假设来解决问题，作为风险规划的一部分。要让利益相关方更有信心，就要让他们认识到罗德已经考虑过这些问题并制订了解决方案。

罗德提出了一系列他认为利益相关方想问的问题。他将在演示过程中尽可能详细地回答这些问题。

选择演示策略

将演示整合在一起的另一个关键成功因素是选择一种与受众和你试图实

现的目的相匹配的演示策略。如果你观看一些法制节目，你会经常听到法官问律师："你到底想说什么，律师？"在演讲中，受众也经常会遇到同样的问题，他们很难理解演讲者的逻辑，这让他们感到沮丧。所以，你可以做什么？最好的解决方案是使用一种通用的策略。

由于项目经理罗德·汤普森正在为市场营销部制作演示文稿，因此他决定采用问/答策略。他决定直接处理市场营销部的担忧，并让他们相信他的项目将满足他们目前的要求，甚至更多。在审查了演讲内容之后，他决定先使用问题/解决方案策略和大局/小局策略。他还与市场营销部的联系人进行了商谈，以征求该部门的意见。对方同意罗德的评估，即问/答策略将在他们的小组中发挥作用。

关于演示策略的最后三个想法如下。

1. 保持简单。这并不意味着要居高临下地对利益相关方说话，但请记住，如果他们在阅读信息时没有抓住要点，他们就不能回头再看了。因此，保持信息简单实用有助于人们了解重点。

2. 正确看待。正确地看待利益相关方的观点。回顾你的受众分析，始终从利益相关方的角度看待你所说的内容。

3. 谨慎使用讲义。我通常建议在演示结束之前不要提供讲义。这样，人们就不会在你说话时随意翻阅讲义。然而，这并不总是可行或可能的。本质上，要使用受众分析来确定何时使用讲义，以及讲义需要包含多少额外细节。

分三个部分构建演示文稿

演示的经典格式是使用三个不同的部分：引言、正文和结论。以下是各部分的简要概述。

- 引言。在引言中，你要确定演示目的，阐述人们将从你的演示中获得哪些收益，并为他们提供演示路线图或所讨论的主题的快速列表，以便大家可以跟进。

- 正文。遵循你之前决定采取的演示策略，包含3~5个要点及支持信息。将主题限制为3~5个要点似乎很奇怪，但研究表明，这个范围是大多数人在听讲时所能理解的信息数量的极限。想想你上次参加社交聚会并结识了一些新朋友，你记住了多少人的名字？大多数人只会记住几个。在你完成正文的要点并进入结论之前，提出问题（有关回答问题的更多详细信息，请参阅下一节）。

- 结论。告知受众你即将完成演示，然后回顾一下你在演示中提到的目的、要点和收益。最后，不要忘记感谢他们为项目付出的时间和合作。

付诸实践

最后，至少练习几次大声演讲，以控制你的演讲时间，并确保各部分之间的过渡是平滑的、流畅的。令人惊讶的是，当你说出来时，你的演示文稿实际上听起来与你脑海中"听起来"的方式不同。此外，大声练习将帮助你有效地表达演示内容，并帮助你意识到你在说话时是否使用了太多的"嗯"和"啊"。这些被称为"填充词"，如果使用得太多，可能会让人分心。你还可以使用录音机进行练习，回放你的演讲，听一听是否使用了太多的填充词，感受一下你的声音，并根据你对演示文稿的评估进行调整。

本章后面的图13.1提供了演示文稿的模板。你可以厘清自己的想法，将它们按顺序排列，并提供演示文稿的大纲。

演示过程中的问题应对

在演示过程中，项目经理通常会被问一系列问题。有些项目经理比其他

Communications Skills for Project Managers

人能更好地解决问题，一个关键原因是他们认识到存在不同类型的问题，并且每种类型的问题都需要不同的答案。以下是一些相当典型的问题和一些我建议的回答方法。

- 直接问题。这是受众通常会想到的问题类型。例如，"关于发票处理方式的变化，你能告诉我什么信息吗？"提问者只想要直接的信息。

> 预测受众问题的最佳方法是对受众进行彻底的分析。

- 总结问题。在这种类型的问题中，提问者试图测试自己是否理解了你的要点。问题可能会被表述为："所以你是说这个新系统将减少我们在会计方面的返工量？"要回答此类问题，请尝试重述你所说的内容，并澄清提问者已经听到的内容。这里的关键是尝试使用不同的词来重述你所说的内容。如果你只是重复同样的话，提问者可能依然很难弄清楚自己是否理解了你的想法和信息。

- 逻辑问题。提问者可能试图用逻辑来挑战演讲者。问题类似于："你是说该系统更易于使用，但随后你向我们展示输入信息需要三个步骤。你怎么能说这更容易呢？"对于此类问题，最佳答案通常是利用该系统的业务分析师或其他主题专家的经验。始终以数据或证据为后盾来支持你的主张。

- 经验问题。提问者试图利用他的个人经验对你提供的信息提出异议。问题类似于"我尝试了你的建议，但没有奏效。你怎么解释？"回答此类问题的最佳方法是利用你或团队的经验，并强化其对你和你的团队的作用，正如你所宣传的那样。避免讨论提问者的经验——因为你没有体验过！

使用视觉辅助工具

在开发有助于你传达信息的视觉辅助工具时，这里有一些建议可以使该过程更有效。

> 在开发视觉效果时，使用"六法则"作为开发幻灯片的指南。"六法则"是指每张幻灯片最多使用6个项目符号，每个项目符号下最多使用6个词。

1. 在你完成前面描述的所有步骤之前，不要开发任何视觉辅助工具，这一点很重要。视觉辅助工具仅用于强调信息内容，但它们往往最先被开发出来，而它们对受众的适宜性却被忽视了。视觉辅助工具的真正作用是帮助你在与利益相关方群体沟通时实现你的目标。

2. 尽可能保持简单。太冗余或太复杂的幻灯片会导致受众获取信息时非常吃力，而他们中的许多人根本不愿意花费精力！注意颜色的使用。例如，如果利益相关方群体是会计，就不要使用太多红色——对会计来说，红色通常代表负数或亏损！还要记住，很多人都可能无法轻松找到图表中的"绿色"部分，因此请使用文字和其他颜色来解决该问题。

3. 如果幻灯片是你的视觉辅助工具，请不要读出来。大多数人都可以自行阅读，如果你主动读给他们听，他们会很生气。让他们阅读幻灯片中的要点，并用你的评论补充关键点。

4. 请记住，你可以使用多种不同类型的视觉辅助工具。例如，如果你可以使用新CRM系统的一个模型、演示或屏幕截图，那么请使用它！多样性将有助于增强材料的呈现效果。

5. 确定讲义在演示过程中是否对你有所帮助。你需要考虑受众群体及他们需要的具体细节。一般规则是等到演示结束时再把讲义分发给受众，这样他们就不会只看讲义而不听你说话。当然，这取决于利益相关方群体和你的具体情况。

6.练习使用视觉辅助工具，确保它们对你的演示有所帮助而不是造成阻碍。例如，如果罗德想在"振兴项目"中演示CRM系统的界面，但无法保证会议室里的每个人都能看到，那么他最好放弃演示。最好让利益相关方群体稍后亲自查看，如在他们工作区附近的某个终端查看。

如图13.1所示的模板可能有助于你准备演示文稿。

演示模板

演示计划 （这是你的计划，务必记住这些）

演示目的

- 你想让受众知道什么？
- 你想让受众做些什么？
- 你想让受众感受什么？

演示目的是否切合实际、可实现、可测量？
我是否采取了积极有效的方式？
完成该句：我这次演示的目的是……

确定所有的主题（不可或缺的要点）

图 13.1　演示文稿模板

第13章　在项目执行期间向利益相关方演示

演示计划
受众分析

关键个体	关系	层级（1-5）	信用度	问题/焦点

获得认可的信息或技术：

受众将从演示中收获：

演示计划
情境分析

小组规模	
环境因素	
环境状态	
内/外考量因素	

小组规模：_____　　　日期：_____

分配时间：_____　　　区域：_____

演示计划
受众检查清单——第1部分

- 哪些人计划参会？
- 哪些人真正关心该项目？
- 他们的职责是什么？
- 哪些人理解项目并参会？你是否可以与他们一起审查你的演示文稿？
- 哪些人不理解项目但参会？你是否可以与他们一起审查你的演示文稿？
- 他们与你所演示的内容有什么关系？
- 谁为他们设立了目前的规范？

图 13.1　演示文稿模板（续）

演示计划

受众检查清单——第 2 部分

- 在目前的规范下谁获得了晋升？
- 如果现状改变，谁会感到不舒服？
- 他们为什么参会？
- 哪些人不喜欢你的想法？他们不喜欢哪些方面？
- 如果现状改变，谁会失去权力？
- 如果现状改变，谁会失去晋升的通道？
- 谁最大限度地受到你想法的影响？他们如何受损于/受益于你的想法？如果你认为他们会因此受损，那么你是如何使他们受损的？如果你认为他们会因此受益，那么你是如何使他们受益的？

演示计划

记住：
- 简单
- 及时
- 联合
- 观点

为这次演示设计正确的策略

演示策略：
- 时间顺序
- 主题
- 问题/解决方案
- 从最关键到最不关键
- 过程
- 大局/小局
- 激励顺序
- 空间顺序

演示计划

介绍
- 建立关系
- 重点
- 目的
- 收益
- 路线图

图 13.1　演示文稿模板（续）

演示正文

策略

使用 3~5 个要点

1.
2.
3.
4.
5.

9

演示计划

主要观点	举例	视觉效果
1. 2. 3. 4. 5.		

10

演示计划

我需要回答的问题：

- IT部门需要哪些新信息？
- 演示结束后我需要寻求承诺吗？
- 针对某人的态度，我需要某些信息吗？
- 对于受众的承诺水平，我充分了解了吗？
- 我为陈述自己的观点做了充分的准备吗？

11

图 13.1　演示文稿模板（续）

Communications Skills for Project Managers

本章要点：

- 确保你有一个明确的演示目的。
- 查看利益相关方分析以定位演示文稿的内容。
- 使用能够吸引关键利益相关方或决策者的演示策略。
- 练习文稿演示，以免出现意外。
- 在决定如何回答之前，先分析问题的类型。

演示之后，项目经理面临的下一个最大挑战可能是如何就执行阶段提出的问题进行沟通。第14章将介绍罗德·汤普森如何处理这些棘手的情况！

第14章

有效地沟通项目中的问题

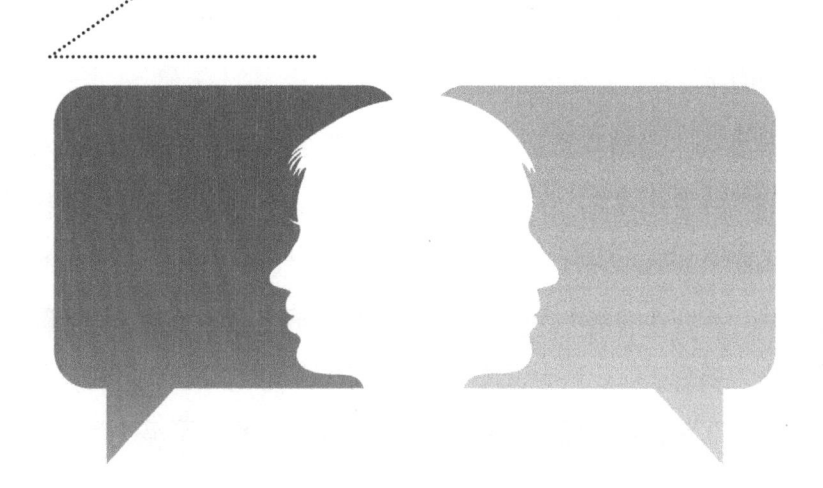

当所有受影响的人都能理解并支持解决方案时，才能真正解决项目管理中的困惑或问题。一个有效的解决方案几乎总是意味着高效的沟通。并非每个受影响的人都会参与对问题的讨论，但所有人都应从解决方案中获得利益。

首先，以沟通的通用元素为背景，再根据与问题相关的情况和需求量身定制沟通方式。图14.1为问题沟通流程。首先要查看的通用元素是：

- 利益相关方分析。
- 沟通的目的。
- 沟通策略。
- 权利基础。
- 正式沟通与非正式沟通。
- 沟通障碍。
- 沟通工具和技术。

在决定如何就问题进行沟通时，所有这些都是重要的考虑因素。项目期间出现的问题通常会影响特定群体而不是整个利益相关方群体。（如果你尝试交付的产品无效，那确实会出现普遍性问题，在这种情况下，几乎所有人都会遭遇相同的命运。）

项目经理罗德·汤普森遇到了一个难题，这个难题是由技术负责人约书亚·拉尔森提醒他注意的。在向罗德介绍情况时，约书亚认为技术团队和IT团队似乎正在为"振兴项目"做一些相同的技术任务。在与卢克·约翰逊（"振兴项目"与IT部的联系人）会面的过程中，约书亚了解到，当销售代表向客户提供大幅折扣时，IT小组正在为销售代表制订佣金计划。约书亚认为应该由他的团队来负责处理该任务的编程。但每个小组似乎都得到了关于如何解决这种情况的不同指示，这使问题变得更加复杂。在这个过程中的某个环节，沟通似乎遇到了明显的障碍。

在决定如何处理这种情况之前，罗德回顾了他对利益相关方的分析，并重点关注受问题影响的群体——销售部、IT部和人力资源部。他需要考虑一些特殊的敏感性。

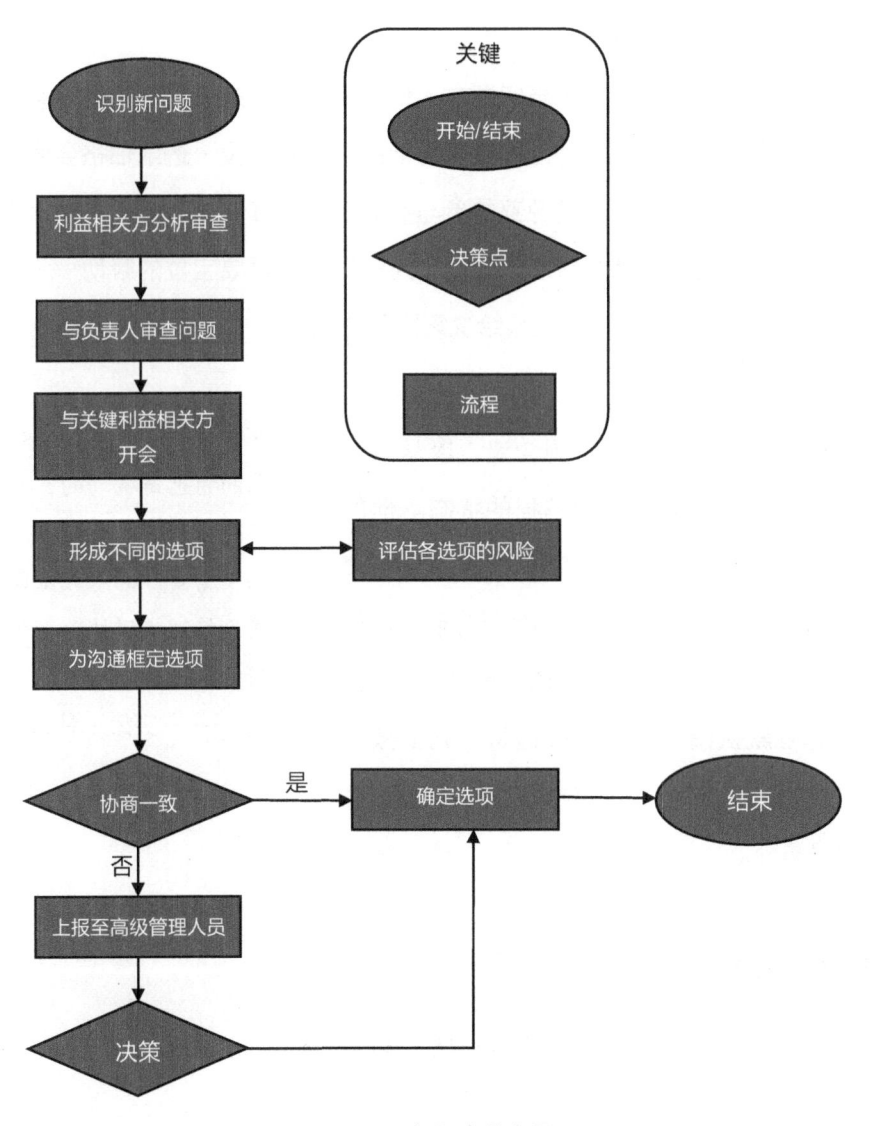

图 14.1　问题沟通流程

- 罗德的团队认为该领域是其职责的一部分,而IT部认为自己部门应对销售佣金的任何变化负责。

- 销售部的组织方式有些分散,因此肯定存在两个人参与同一件事的可能性,即一个人与IT部沟通,另一个人向"振兴项目"团队提供指导。

- 薪酬显然属于人力资源部的工作范畴,因此让该部门参与制定解决方案很重要。

因为这个问题很复杂(当问题与人们的薪酬相关时,它总是很复杂!)且涉及多个职能部门,罗德立即要求与他的支持者宝拉·达尔伯格会面。宝拉认识许多销售部和人力资源部的参与者,但她对IT部的人员并不太熟悉。罗德没有立即向宝拉请求帮助,但他认为稍后可能需要宝拉的帮助——要么帮助解决问题,要么将问题上报给决策团队的发起人丽莎·拉姆齐。

罗德随后召开了一系列会议,以从每个小组的角度揭示问题并了解编程的状态。他的计划是确定合适的人,并在某个时间点让他们聚在一起解决问题。然而,考虑到他早先确定的敏感性,他知道过早要求会面会破坏他解决问题的机会,并且默认情况下他将被迫将问题上报给丽莎·拉姆齐。但他的目标是解决这个问题,让丽莎置身事外。

> 在项目执行阶段,发起人的角色是被动的,而不是主动的。发起人应在"需要"的基础上向项目经理提供协助,但例行情况介绍除外。
>
> ——哈罗德·科兹纳

召开有效的会议

罗德痛苦地意识到了迈德医疗科技公司的会议问题。他在脑海中琢磨着:

- 没有目标或议程。

第14章　有效地沟通项目中的问题

- 时间太长。

- 准备糟糕或不足。

- 没有结论。

- 杂乱无章。

- 较晚开始。

他决心避开这些陷阱并召开有效的会议，以便尽快解决问题。他的团队有太多的工作要做，负担不起项目中的重复工作，而且他认为IT部也负担不起。

因此，罗德开始与IT部、人力资源部和销售部分别开会。他的议程很简单。

- 目标：了解与项目销售佣金责任问题相关的每个小组的参与情况。

- 议程项目。

    — 了解谁安排各组的工作。

    — 了解各组的工作状态。

    — 了解他们付出了多少努力，包括已经花在工作上的，以及按照他们的理解完成工作所需要的。

    — 他们对如何最好地解决问题的看法。

罗德准时开始并结束会议，让项目组中专注于销售问题的商业分析师杰西·库珀在会议上记录讨论并抓住关键点。罗德希望杰西在场，因为他需要她帮助解释会议期间可能出现的一些销售术语。在会议结束之前，罗德要求杰西回顾关键点以确保会议内容清晰，并提醒任何正在取消项目行动的人，他们已承诺过在截止日期前完成该行动。

正如罗德所怀疑的那样，IT部和"振兴项目"收到的指令略有不同，因为指令来自销售部的两个人。在罗德看来，两个指令的差异不大，但只要解

155

决了差异，无论哪个团队最终负责编程，都必须做一些返工。会议的另一个结论是，IT部实际上比"振兴项目"团队在工作中走得更远。虽然IT部声称其在编程方面领先于"振兴项目"团队，但罗德痛苦地意识到，IT部在迈德医疗科技公司内部因在项目中错过时间表和里程碑而臭名昭著。

罗德决定与宝拉·达尔伯格一起研究这些选项。以下是他制定选项的方式。

- 选项一："振兴项目"团队承担编程任务。这将使罗德能够最大限度地控制工作的进度和质量。但是，该选项意味着需要将问题上报给丽莎·拉姆齐，因为IT部明确表示他们不会就这样放弃。

- 选项二：让IT部承担编程任务。如果IT部让技术负责人约书亚·拉尔森担任质量保证角色，罗德可以接受该选项。罗德希望确保正在进行的工作符合"振兴项目"的要求。若IT部没有达到里程碑，约书亚也可以提前通知他。

> 为了让别人做你想让他们做的事情，你必须时刻盯着他们。
> ——大卫·施瓦茨

正如罗德所期望的那样，宝拉推荐了选项二。他的评估是正确的，宝拉不想将问题上报给丽莎。选项二吸引罗德的另一个原因是返工对他的日程安排有很大的影响。他担心返工可能会导致一些延误。他并不担心错过一个里程碑，但是，如果IT部错过了时间表，也可能会影响项目，因此罗德必须将此项作为风险记录在他的风险登记册中，并仔细监控情况。

宝拉同意与罗德和IT部会面，以协商解决问题。她将督促"振兴项目"团队让步，并坚持让约书亚在IT部中扮演质量保证角色。他们将在会议期间敲定约书亚的角色，这样以后就不会产生误解。

第14章 有效地沟通项目中的问题

宝拉知道IT部总监丹·科恩不希望让罗德的人监督IT部的工作质量，因此她提前与丹会面。她框定了罗德和"振兴项目"团队的让步，以及她作为项目负责人的让步，从而让丹难以否决该解决方案。从本质上讲，丹得到的信息是，如果他不接受妥协，问题将上升到决策团队层面。宝拉意识到丹不希望这种情况发生，正如宝拉也不希望这种情况发生一样。

丹将该解决方案转达给了他的项目经理，并指示他与罗德的团队安排几次工作会议，以促进工作的移交和管理需求的协调。

通过在个人层面和团队层面进行有效的沟通（通过召开会议），罗德解决了一个棘手的问题，并得出了一个各方都支持的解决方案。

本章要点：

- 审查沟通的通用元素并将其应用于问题沟通。
- 识别受影响的利益相关方并确定回应和沟通的目标。
- 尽快并切实地让你的支持者参与进来，尽可能在不涉及发起人的情况下尝试解决问题。
- 围绕问题的沟通通常需要召开会议，而且要高效地召开会议。
- 仔细确定解决问题的选项，以便最终获得可以交付的解决方案。

对项目经理来说，另一个困难的情况是客户或用户想"在赛马中换马"，换句话说，他们想变更项目范围。就像其他问题一样，有一种方法可以在这种情况下沟通并控制事态的发展。

第 15 章

有效地沟通项目范围的变更

第15章 有效地沟通项目范围的变更

对项目经理来说，当项目范围发生变更时，最困难的挑战之一就出现了。几年前，一位客户要求我帮助一个年轻人让他的项目重回正轨。在评估情况时，我发现这个年轻人是一名技术娴熟的专业人员，他在工作的许多方面都做得很好，但他没有制定处理及沟通范围变更的明确流程。结果，当他的团队收到范围变更请求时，他无法与各个利益相关方合作以决定要做什么或是否要这样做。最终，该项目停滞不前，错过了关键里程碑，并威胁到了这个优秀的年轻人的职业生涯。我在处理这个情况时学到了一些经验教训。我鼓励所有人都为类似的变更请求制定一个明确的流程，因为该流程作为与利益相关方沟通及管理他们期望的一部分，非常重要。

做好基本假设

作为项目经理，基本假设是你有一份项目范围说明书，并根据要求和规范向你的团队布置任务以完成某些工作包。无论变更来源于何方，现在都有人要求更改项目的范围或规模。

> 范围说明是所有利益相关方对项目范围和目标的共同理解。
> ——PMBOK

"振兴项目"的项目经理罗德·汤普森认真起草了一个项目范围变更流程（见图15.1）。在他职业生涯的早期，他曾参与过完全失控的项目，他觉得项目范围的控制是一个关键因素。他见过很多项目经理为了取悦所有的利益相关方，接受了一个变更请求并将项目范围变更后增加的工作简单地构建到项目中。结果项目要么在完成之前就用光了资金，要么超出了时间表，或者两者兼而有之。这是一个沉痛的教训，罗德铭记在心！

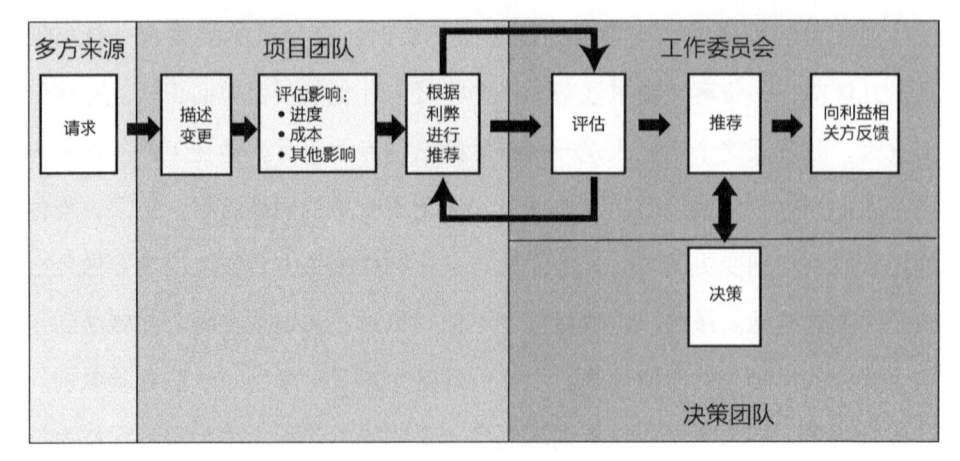

图 15.1　项目范围变更流程

罗德与工作委员会共同开发的项目范围变更流程简单有效。变更请求可能来自各方，有一部分会来自项目团队，他们将对变更的性质进行清晰的描述。然后，项目团队将分析该变更请求对"振兴项目"的进度、成本和质量的影响。他们还将通过进行高层级的成本/收益分析来评估变更可能如何影响商业论证。根据可用于变更的替代方案，项目团队将为工作委员会推荐一个行动方案，其中包含所有选项及其利弊。图15.2说明了如何衡量项目范围变更的利弊。

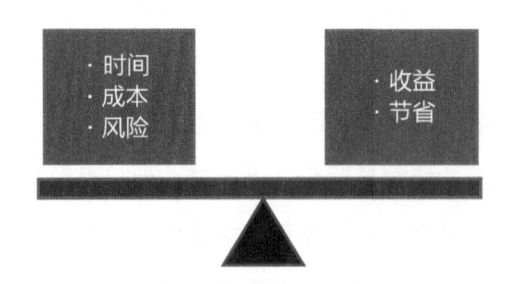

图 15.2　如何衡量项目范围变更的利弊

根据该行动方案，工作委员会将评估项目团队提供的建议及相应的分析。一旦就与项目范围变更相关的建议达成了共识，工作委员会就会将该建议发送给决策团队以做出决策。在罗德的催促下，丽莎将项目范围变更的决定权留给了决策团队,因为几乎所有的变更都涉及更多成本,并且有可能改变项目进度。

决策团队做出决策后,将其反馈给工作委员会。工作委员会负责将决策传达给各自所代表的职能部门的利益相关方。

> **变更控制的主要目标**
>
> 1.定义项目经理在发生项目范围变更请求时可以做什么和不能做什么。
>
> 2.建立一个商定的流程来提交变更,并评估其对当前项目基准的影响。
>
> 3.展示如何根据合理的商业原则批准或不批准变更所需的时间、投入和金钱。
>
> ——琼·克努森,艾拉·比茨

当IT部总监丹·科恩找罗德讨论项目的返工时,罗德使用了图15.1描述的项目范围变更流程。丹从CRM系统供应商那里了解到,该系统不久后将发布一个新版本,其中包含迈德医疗科技公司最初想要的很多功能,这些功能当前版本无法实现。丹认为,"振兴项目"团队应该立即开始与供应商合作开发新版本,并停止现有版本的工作。

> 我们的困境是既讨厌变化又喜欢变化;我们真正想要的是事情保持不变但又变得更好。
>
> ——悉尼·哈里斯,美国记者

罗德只同意使用商定好的流程并考虑丹的建议。同时,罗德明确地表示,如果没有调查清楚对项目的影响,更重要的是,如果没有领导团队的明确批准,他不会承诺开发新版本。

变更请求

罗德要求丹提交正式的变更请求以启动项目范围变更流程。罗德还建议丹让IT部的联系人卢克·约翰逊和首席商业分析师保罗·瑞恩都参与讨论，以便考虑他们的意见。

图15.3为丹需要填写的用于启动项目范围变更流程的表格。

项目变更请求			
分配变更请求编号：			
□同意			□反对
日期：	请参阅变更日志以获取下一个可用序列号		
请求变更授权决策（日期/时间）： 变更请求的描述（附阐明变更必要性所需的其他文件）：			
变更理由（包括变更的原因及变更被拒绝的后果）：			
成本影响：		进度影响：	
其他受影响的需要重新规划的活动（附支持文件）：			
提交人：	姓名：	签名/日期：	
项目发起人：	批准签名和日期： （如果需要）	项目经理：	批准签名和日期：

图15.3　项目范围变更请求表

第15章 有效地沟通项目范围的变更

沟通变更

罗德的第一个沟通任务是指导项目团队与IT部一起完成对项目范围变更的分析。他解释说，他需要大家对所涉及的额外工作进行全面的估算。此外，大家还需要将工作分解为具有依赖关系的高层级工作包，以便他可以将这些依赖关系纳入修订后的进度计划。罗德还要求项目团队审查基准项目计划，并给他一个因变更而取消的工作的估计，以便将其纳入估算。最终，罗德希望了解，如果他使用新版本的CRM系统，会对他的项目进度和预算产生什么影响。这些分析工作不会给项目团队造成太大的干扰，罗德给了他们一周的时间来完成所有工作，他不会再花更多的时间。

罗德还要求保罗·瑞恩审查该项目的商业论证，并了解变更将如何影响决策团队对"振兴项目"的预期财务回报。尽管罗德会自己分析变更对预期财务回报和商业论证的影响，但将他的估算和假设与保罗的估算和假设进行比较，可以让他在向领导团队提交内容之前进行真实性检查。如果有重大差异，他会先与保罗一起解决，然后向决策团队提供信息。

完成对工作包的变更分析后，罗德开始改进和起草新的进度计划。然后他分析了工作量的调整、团队中谁能够胜任这项工作，以便评估对预算的影响。最后，他要求质量保证负责人马克·纽豪斯审查这些修正方案是否会对项目质量产生影响。

获得所有信息后，罗德总结了项目范围的变更。由于早期决策团队曾指示，该项目不得影响迈德医疗科技公司的年终结算，因此修订后的进度计划让罗德的工作变得更加复杂。领导团队害怕出现数据问题，不愿意接受这种风险。因此，罗德的团队必须在三季度末完成，或者将进度计划延长至次年一季度末。

完成分析后，罗德召开了一次会议，并与项目团队负责人审查了所有信息和他的分析,以进行全面检查。在做出了某些澄清后,大家同意了他的估算。

提出选项并做出决策

完成评估后,罗德准备向工作委员会提交信息。他将传达两个选项供他们考虑:

1. 保持当前计划不变,因为现状是所有的项目范围变更的默认位置。

2. 重新制订项目计划,预算额外的资金,并实施新版本的CRM系统。

罗德还展示了这两个选项下的收益和风险,以及项目团队确定的所有其他问题。罗德谨慎地告诉工作委员会他们不能做出选择,只有领导团队才能。但是,罗德知道领导团队最终将依赖工作委员会做出选择。

分析表明,IT部总监丹·科恩认为迈德医疗科技公司确实需要新版本中的各种附加功能。但是,由于项目不能影响公司的年终结算,因此计划会延迟六个月。此外,它还将导致额外成本,相当于项目总成本增加约20%。因此,简单来说,工作委员会面临的业务决策是在新版本带来的好处与完成项目所需的时间和成本增加之间取得平衡。

罗德还要求工作委员会向他们所代表的职能部门内的关键人员传达这些选项,看看是否有其他优势或劣势被忽视或低估了。他还希望确保业务团队针对工作委员会向领导团队提出的建议提供意见。

一周后,在工作委员会会议上,大家讨论了项目范围变更的优点。为了保持会议井然有序和重点突出,罗德首先要求每名成员报告其与自己所在职能部门内的关键人员的讨论,以及每名成员评估时的普遍共识。罗德想避免几名成员陷入权力斗争。罗德认为,通过强迫各成员阐明其所在职能部门的观点,可以将辩论保持在正确的水准上。他的策略似乎奏效了。经过讨论,工作委员会决定建议驳回项目范围变更请求。他们认为大多数附加功能总体上会提供额外的好处，但保证项目正常进行并在预算范围内的需求超过了新版本带来的好处。

罗德和他的支持者宝拉·达尔伯格在开会之前已经提醒了发起人丽莎·拉姆齐。工作委员会将讨论项目范围变更请求。丽莎要求他们在工作委员会提出建议后与她联系，他们照做了。

罗德准备了部分幻灯片，向丽莎概述了项目范围变更请求、应用于请求的流程及工作委员会的最终建议。他还准备了工作委员会会议记录及他和宝拉会见丽莎时所有相应的备份材料。他希望能够回答她关于决策依据的所有问题。果然，丽莎想看看项目组的分析和工作委员会用来做决策的一些支持材料。在查看了材料后，丽莎要求在下一次领导团队员工会议上随身携带这些材料。她相信领导团队会接受工作委员会的建议。在他们结束会议之前，罗德要求丽莎在领导团队做出决定后发送一份正式的沟通文件。他希望能够在与工作委员会和各种利益相关方（尤其是IT部）的沟通中使用该文件，他知道IT部会对这个决策感到失望。

沟通决策

在领导团队确认接受工作委员会的建议后，罗德和沟通专家安妮·加西亚起草了一条信息。然而，在任何事情发生之前，罗德需要先确保自己与工作委员会的每名成员进行了沟通。他不想让任何人以间接的方式听到这个决策。此外，他还会见了IT部总监丹·科恩，是他首先提出了项目范围变更的建议。罗德想确保丹了解他所采用的流程，并能够回答丹关于发生了什么及为什么发生的任何问题。虽然丹很失望，但他反馈说这个流程看起来很公平，这是他第一次觉得自己真的被人倾听，即使答案不是他所期望的，他也

Communications Skills for Project Managers

很欣赏这个流程。

最后,"振兴项目"准备好了就此次项目范围变更请求与各部门进行沟通。他们知道有几个部门知道这个请求,并且IT部特别热衷于了解相关决策。罗德和安妮决定在下周一向IT部发送信息。安妮起草了一条信息,宝拉在安妮和罗德的帮助下对信息进行了编辑。

罗德在开会时问丹·科恩是否愿意和宝拉一起参加他在周一早上召开的员工会议,届时他将宣布决策并回答所有相关问题。丹同意了,甚至就他们可能会遇到的一些问题及他们在会议过程中可能看到的一些态度对罗德进行了指导。这些信息使宝拉和罗德准备好了与IT部进行面对面的、丰富的沟通。宝拉和罗德与销售代表举行了类似的会议,因为销售代表是另一个支持新版本CRM系统功能的利益相关方群体。罗德邀请工作委员会成员、销售部经理加里·斯泰尔斯加入自己的行列。加里或许能够以销售代表接受和/或支持的方式澄清问题或转达决策的某些要素。

在与特定利益相关方召开所有这些会议后,罗德和宝拉将安妮的沟通信息以电子邮件的形式发送给了各部门。在项目团队收到的反馈中几乎没有怨恨和愤怒,这让他们很兴奋!

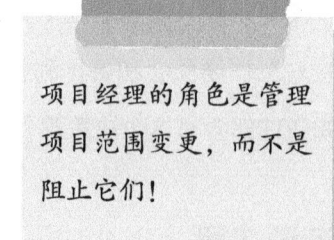

> 项目经理的角色是管理项目范围变更,而不是阻止它们!

第15章 有效地沟通项目范围的变更

本章要点：

- 从一开始就为项目范围的变更制定明确的流程，这将使沟通更加容易。
- 确保让业务团队而不是项目团队建议接受或拒绝项目范围变更。
- 你的第一次沟通是与项目团队成员就如何处理特定的项目变更请求进行沟通。
- 与业务团队就变更请求对项目进度、预算和/或质量的影响进行重要的沟通。
- 一旦对项目范围的变更做出决策，请确保你与提出变更请求的人及所有可能受到接受或拒绝决策影响的人进行沟通。

在你处理这一切的同时，外部用户一直在期待一些成果，从而让他们的工作更加轻松。与他们沟通，让他们不仅能够做好准备，而且能够保持热情，这是一门真正的艺术。好消息是，你可以成功地学习如何做到这一点！

第 16 章
与运营团队进行有效的沟通

第16章 与运营团队进行有效的沟通

在项目中，项目经理经常会忽视一个事实，即最终产品或可交付物最终会转移到公司内部的日常运营团队。换句话说，它从一个项目转变为人们每天用来帮助自己完成工作的操作程序、工具或设备。在将项目可交付物移交给运营团队之前，你必须完成很多任务，其中最重要的一项就是为了让运营团队准备好接收这些可交付物而进行相关沟通。

在本章中，我想介绍为什么关注这些沟通很重要，项目经理什么时候应该开始关注这些沟通，以及如何根据项目的性质进行沟通，同时回顾第10章的内容。

在与运营团队沟通时，要记住的第一件事是风险。大多数运营经理对项目最大的恐惧是项目团队和项目经理会给运营业务带来麻烦。运营经理对因项目导致的业务中断的关注集中在其运营绩效指标的风险上。重要的是要记住，运营经理的奖金是由是否实现运营目标决定的，如果没有实现运营目标，他们的部分奖金就会面临风险。所有的项目都会产生风险，运营经理知道这一点。许多运营经理之前都经历过对他们的运营目标造成负面影响的项目，因此他们并不急于接受任何项目。

- 永远不要想当然地认为所有人都知道所有事情。
- 群体规模越大，越要注意沟通。
- 当人们对一件事情一无所知时，往往会胡编乱造。

——汉斯·芬泽尔

当罗德开始执行沟通计划时，沟通专家安妮·加西亚给了他一些简单的指导方针，让他在传达好消息或坏消息时作为参考。

使用不同的方式传达好消息与坏消息

好消息的传达方式

安妮告诉罗德，当有好消息要传达时，通常应尽早传达，并使用祝贺的

169

语气。接着，他应该解释好消息带来的结果，然后提供可能对沟通对象有意义的其他细节。例如，如果"振兴项目"对CRM系统进行了一些用户测试，并且测试通过了，那么罗德将开始沟通：首先祝贺项目团队成员和自愿参加测试的用户，他们为迈德医疗科技公司提供了宝贵的服务，他们的贡献在沟通中得到了认可；然后详细说明测试的结果，因为这关系到CRM系统能否给其他用户带来惊喜。

坏消息的传达方式

安妮的建议是用不同的方式来传达坏消息。她说，传达坏消息时，首先要认可那些收到消息的人先前所做的贡献，并尊重他们的感受。然后试着构建坏消息，并给出理由和事实。例如，罗德将向销售代表传达一些关于设置CRM系统的坏消息。审查并选择该系统时，供应商曾承诺该系统的功能之一是销售代表能够将他们的联系人列表自动上传。但是，经过多次测试，项目团队确定CRM系统并没有该功能。项目团队找到了解决方法——使用电子表格。但对销售代表来说，这会花费更多的时间。罗德知道他们不会对这种结果感到高兴。但是，罗德向他们提供了所有的细节，以解释为什么会出现这一变化及他们因此而需要做的额外工作。罗德并没有试图掩盖这个问题，他需要销售代表正确地看待这个问题。罗德担心销售代表会对CRM系统失去信心，以致失去这个关键利益相关方群体的支持。因此，罗德还要确保传达一个好消息：供应商承诺的所有其他功能看上去都运行良好。他会强调销售代表在系统运行时获得的所有好处。

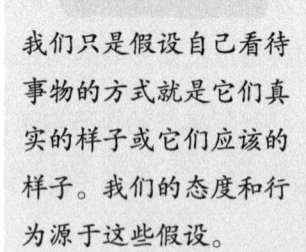

> 我们只是假设自己看待事物的方式就是它们真实的样子或它们应该的样子。我们的态度和行为源于这些假设。
>
> ——史蒂芬·柯维

第16章 与运营团队进行有效的沟通

避免做出错误的假设

任何项目经理在与运营团队就可交付物进行沟通时都需要管理三个错误的假设,它们会导致各种风险。

- 假设1：运营团队无权承担项目实施的准备工作,应该由项目团队承担。

- 假设2：运营团队会低估做好接受项目可交付物的准备的复杂性和难度。

- 假设3：运营团队不重视创建工作流程一致性所需的时间（和金钱）。

下面让我们看看项目经理罗德·汤普森在"振兴项目"期间是如何管理这些假设的。

假设1：运营团队无权承担项目实施的准备工作，应该由项目团队承担

罗德在工作委员会会议期间遇到了这个假设。沟通和变革管理负责人安妮·加西亚正在为各部门的工作做概述,以便他们为CRM系统的实施做好准备。令人痛苦的是,加里·斯泰尔斯不相信管理团队打算让销售团队为实施CRM系统做好准备——在他看来,这完全是项目团队的责任。他甚至认为销售部的管理团队也不知道如何做好销售团队的准备工作。

罗德和安妮意识到他们必须对加里反对由销售部负责准备工作的观点做出回应。他们制定了以开发管理委员会为中心的策略。这种沟通工作将涉及一系列会议,从CEO和决策团队开始,然后通过管理层级向下传递到一线主管。这些会议的目标是通过传达一组具体的行动,帮助各级经理与他们的下级经理达成一致,这样可以让经理们在"振兴项目"结束时为实施CRM系统做好准备。

罗德和安妮完成议程和会议内容后，找到负责人宝拉·达尔伯格以寻求她的支持。他们知道这将是一个挑战，因为他们估计需要花费大约两小时来介绍所有内容并获得支持。要求所有层级的经理空出两小时听他们介绍，这会引起大家的反对，他们知道这一点。会议的目的是解释管理委员会的必要性、审查建议的议程，同时准备好将这个想法提交给丽莎·拉姆齐，以获得她的支持和帮助。

在对研讨会及研讨会的目的进行审查后，宝拉同意将这个想法传达给丽莎。然而，宝拉希望在研讨会中包含对CRM系统的演示，所准备的讨论将围绕演示展开，并取得更大的成功。由于让丽莎参与另一个部门（销售部门）的工作涉及潜在的公司政治问题，因此宝拉要求罗德和安妮让她单独处理与丽莎的讨论。她觉得如果没有项目团队的两名成员在场，她和丽莎会放松得多。宝拉要求罗德和安妮补充一些额外的附件来帮助她描述丽莎的问题，罗德承诺在会前提供这些附件。

几周后，宝拉要求与罗德会面，并告诉他丽莎与销售部副总裁尼克·温特斯已经会面，尼克支持该项目成立的管理委员会。但丽莎不得不做出妥协，那就是将时间减少到1小时。罗德感谢宝拉的帮助，他也给丽莎发了一封电子邮件，表达了对她的感激之情。他知道安妮很难将时间缩短到1小时，但他们别无选择。他们决定提前向经理们发送某些信息作为背景材料，以缩短会议时长。

在项目结束后总结经验教训时，可以确定的是管理团队——尤其是销售管理团队，对管理委员会持有非常积极的看法！

假设2：运营团队会低估做好接受项目可交付物的准备的复杂性和难度

供应商与合同管理团队内部出现了一个问题。得知团队为准备好接受"振兴项目"的可交付物所需付出的努力之后，负责供应商与合同管理事务的恰克·斯温德尔感到非常震惊。当他听到安妮·加西亚提议的时间和工作量时，他的回答是："花在这上面的时间简直太荒谬了。把CRM系统交给我的员工吧——他们很聪明，他们会弄清楚的！"

尽管罗德和安妮也使用管理委员会作为获得帮助和支持的基础，他们仍为恰克的小组制订了一个略微不同的计划。然而，之前对业务流程变革的分析表明，这将对供应商管理和一些关键业务流程的合同人员产生重大影响。对业务流程的某些变革可以内置到沟通计划中，安妮将它们添加到相关的计划和时间表中。然而，仍有一些变革太过复杂或非常重要，简单地传达这些变革不会让供应商与合同管理团队为他们即将从事的工作做好准备。对于这些重大变革，安妮和罗德同意将这方面的工作需求添加到培训计划中，并且他们完成了流程文档工作表（见图16.1）。然而，他们认为传达这些变革并向恰克团队提供培训的最佳人选应来自恰克的团队。

> 与项目可交付物相关的压力通常源于：
> - 工作上的不安全感。
> - 工作变动和对超负荷工作的恐惧。
> - 缺乏沟通。
>
> ——维杰·维尔玛

流程	
活动	
角色	
员工任务	

关键步骤	与他人交互	与CRM系统或其他系统交互
1.		
2.		
3.		
4.		
5.		
6.		
7.		

图16.1 流程文档工作表

考虑到这一点，安妮和培训专家史蒂夫·本森与恰克合作，为供应商与合同管理团队制订了一个培训教学计划。史蒂夫和恰克一起整理培训内容，史蒂夫会确保这些培训是合理的。然后史蒂夫和恰克一起工作，指派两个人为团队提供培训，一个是具有现场培训技能的培训专家，另一个是供应商与合同管理团队的一位"明星"成员，他被该团队中的其他人视为最能回答困难的问题和培训期间不断出现的棘手的"假设"问题。前者负责标准内容的交付，后者负责回答培训期间出现的任何技术问题。很显然，对恰克来说，即使他的团队中有聪明人，"振兴项目"也需要他们做更多的准备工作，而不是简单地推出软件。

将部门中的"明星"成员作为培训交付的一部分，这一策略在争取供应商与合同管理团队的支持方面产生了惊喜。培训内容与他们的需求密切相关且非常具体，这对项目的成功至关重要。

假设 3：运营团队不重视创建工作流程一致性所需的时间（和金钱）

几年前，罗德刚入职迈德医疗科技公司，当时他遇到了一件令他印象深刻的事——公司缺乏关于工作流程实际执行情况的文档。为了适应项目管理的新工作，并更多地了解迈德医疗科技公司，罗德要求公司提供有关标准操作手册和/或流程图的文件。但他得到的只是政策指南，那也是有人花了好几天的时间才找到的！从那时起，罗德就致力于为他的项目提供文档，希望通过自己的努力来填补公司的这一空白。

罗德在"振兴项目"中遇到了类似的挑战，由于项目规模庞大，所以挑战要大得多。作为应对这一挑战的措施之一，他将技术专家服务纳入了项目预算评估。对大多数制造工厂而言，开发标准操作程序（Standard Operating Procedure，SOP）是一种常见做法。但是，他知道他手底下的人在开发SOP方面能力有限，他需要来自业务内部的时间和专业知识来完成SOP的开发。

因此，罗德决定说服工作委员会提供业务方面的帮助，以便与技术专家一起开发SOP。为了让自己的建议更具说服力，他从早期与安妮·加西亚的合作中了解到，他需要从专业的角度出发。他决定向华尔特·费雪寻求帮助。华尔特是制造部门的总经理，负责监督迈德医疗科技公司的一个部门，该部门定期完成和更新流程文档。华尔特受到迈德医疗科技公司中大多数人的高度赞扬，并且他和罗德一样，认为文档对业务很重要。与罗德试图说服工作委员会成员相比，这种支持会给这项工作带来更大的影响。

罗德要求安妮与华尔特合作，他准备向工作委员会介绍这些文档的必要性，以便寻求工作委员会的支持。安妮在与罗德的单独会面中汇集了他的想法，这样她就可以将这些想法包含在她与华尔特一起完成的工作中。

罗德还与他的技术负责人约书亚·拉尔森和IT部联系人卢克·约翰逊合作，建立了一个示范办公室。在这里，人们可以试用该文档系统。作为示范办公室功能的一部分，人们可以登录项目网站，并向项目团队提供反馈和建议。虽然只有一部分人试用了该文档系统，但项目团队从这些人身上得到了有趣的评论和反馈。

纠正接收项目可交付物时出现的偏差

如果某些团队或部门没有正确地接收项目可交付物，会表现出一些特定的"症状"。你可以采取相关的沟通策略来纠正这些错误。

最常见的偏差来源可能是业务部门不清楚项目与更广泛的公司战略之间的联系。罗德通过他建立的反馈循环意识到了这一点，通过反馈循环，他可以了解公司是否准备好了接受"振兴项目"。

在与主要利益相关方举行的一次月度午餐会议上（碰巧一位会计经理也参加了），罗德了解到会计部门似乎并不了解"振兴项目"与迈德医疗科技公司更广泛的战略之间的联系，即该项目如何解决公司面临的业务挑战问题。会议结束后，罗德要求与宝拉·达尔伯格和安妮·加西亚会面，以制定深入的沟通策略来解决会计部门的这个问题。宝拉一开始不确定是否需要担心这个问题，但罗德和安妮讨论了如果会计部门不理解并因此没有支持"振兴项目"，将发生什么后果。罗德最大的担忧是，会计部门在努力让迈德医疗科技公司按照国际财务报告准则遵循新的会计准则时，会改变CRM系统的要求。罗德确信他们已经考虑了这些要求，但如果不以积极的方式处理，会计部门的犹疑可能会导致项目进度的延迟。在会议结束时，他们为会计部门制订了额外沟通计划。宝拉将带头开展工作，并将问题告知丽莎·拉姆齐，以防后续需要让她参与进来。

创建一个故事板来解释项目

"故事板"这个词是由电影制作人在电影业早期创造的，通常是指一块大板，上面张贴了描述电影情节如何发展的草图。项目故事板可以提供一系列代表关键可交付物和重要事实的图像。图16.2是罗德和安妮创建的故事板示例，解释了"振兴项目"如何将迈德医疗科技公司的运作方式（通用运作模型）转变为一种新的工作方式。

尽管运营部门可能会假设谁负责就让谁做好准备，但良好的沟通将使项目经理能够更好地介入和参与。你可以使用各种方法通知他们并让他们为接受项目可交付物做好准备！

	销售	推进和跟踪	协议	合同管理	核算	管理业务
前端 销售、市场	谁来做（组织）		业务部做什么（流程）			
中端 信贷、物流						
后端 协议、合同				工作如何完成 （主动地）		

图 16.2　故事板示例

	销售	推进和跟踪	协议	合同管理	核算	管理业务
前端销售、市场	通过个人对接检查市场和信用风险 亲自对复杂的交易进行信用检查 在SAP中的库存管理 实时查看库存 为交易者提供信贷EOD风险敞口的预先批示 正向配置文件					
中端信贷、物流				电子表格上的敞口 有限的可扩展性 在月底输入职位 数小时内可用且准确的信息 全球敞口基于共同点以使机会最大化 自动敞口计算 TC有未来曲线和"假设工具"变得具有分析性		使用本地命名约定在本地管理源数据

图 16.2　故事板示例（续）

	销售	推进和跟踪	协议	合同管理	核算	管理业务
后端协议、合同		手动核对库存数据输入差异	手动临时定价发票 使用电子表格手动结算流程 增值报告和分析的职责	3路对账 高度交易具有SAP链接的TC，包括库存高度自动化	月末输入职位 数小时内可用且准确的信息	
前端销售、市场	SAP中的库存管理 实时查看库存 为交易者提供信贷EOD风险敞口的预先批示 正向配置文件	库存变动报告最多延迟5天				
中端信贷、物流			热点：对同一个人的多重影响	有限的可扩展性 在月底输入职位 数小时内可用且准确的信息 全球敞口基于共同点以使机会最大化 自动敞口计算 TC有未来曲线和"假设工具"，变得具有分析性		使用本地命名约定在本地管理源数据

图 16.2　故事板示例（续）

第16章 与运营团队进行有效的沟通

	销售	推进和跟踪	协议	合同管理	核算	管理业务
后端协议、合同		手动核对库存数据输入差异	增值报告和分析的职责 SAP 中的结算高度自动化	3路对账高度交易具有SAP链接的TC，包括库存高度自动化	月末输入职位数小时内可用且准确的信息	

图 16.2　故事板示例（续）

本章要点：

- 永远不要对人们知道什么和不知道什么做出假设。
- 群体规模越大，越要注意沟通。
- 当人们对一件事一无所知时，往往会胡编乱造。
- 运营经理非常厌恶风险，因此与他们的沟通需要注意这种敏感性。
- 以不同的方式传达好消息和坏消息。
- 运营团队会对接受项目可交付物的难易程度做出错误的假设，你在沟通中必须管理这些假设。
- 使用故事板来解释一个长期项目或计划。
- 通过有效的沟通来监控运营中潜在的偏差，并管理利益相关方的期望。

项目管理中最大的挑战之一是克服人们对项目即将交付所带来的变革的阻力。沟通是克服阻力的一个关键工具，你将在第17章看到它的好处。

第 17 章

做好运营准备

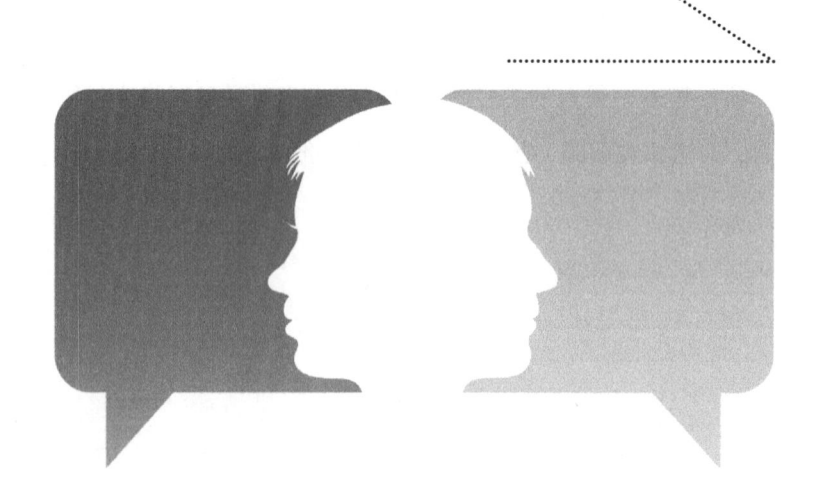

第17章 做好运营准备

根据**PMI**对项目下的定义，所有的项目都有明确的开始点和结束点。根据这个描述，你必须意识到，在项目期间所完成的大部分工作都会被合并到公司的日常职能中去。因此，作为项目经理，你必须为项目结束和运营团队接管的那一天认真做好计划和筹备。这也是本章的重点内容。

下面先回顾一下前几章介绍的准备运营的三个关键要求：

1. 使用完善的变革案例（第6章）来沟通项目完成后的运营情况。

2. 分析和传达工作流程中将发生的变革（第7章）。

3. 理解采用项目可交付物的原则——拿破仑三分法（大约1/3的人会很快接受项目，1/3的人会直接拒绝项目，剩下1/3的人需要你向他们证明项目的可行性，见第9章）。

除了这三个关键要求，还有以下两个要求：

1. 为运营团队提供项目成功所需的所有培训。

2. 沟通如何在项目实施后对员工进行绩效评估。

实际上，你几乎可以将这两个要求视为同时运行直至项目结束的两个独立项目（见图17.1）。

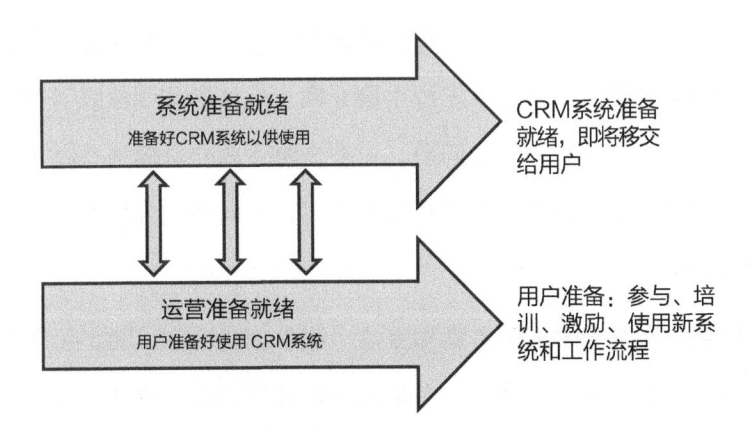

图 17.1 运营准备的两个要求

做好准备提供培训

项目经理经常会肤浅地看待培训并提出这样的问题:"要使项目成功,人们需要知道什么?"我建议执行培训计划时应该关注这个问题:"要使项目成功,人们需要做些什么?"专注于"做"而不是"知道",是项目成功的一个关键要素。第二个问题将范式从学习解决方案转变为与工作相关的解决方案。本质上,人们是在工作,因此应该专注于"做"而不是"知道"(见第7章)。在项目执行期间应遵循职能培训和能力培训计划。

罗德·汤普森使用了另一种成功的策略来提供培训。他和史蒂夫·本森及支持者宝拉·达尔伯格合作,确定关键利益相关方中谁能与史蒂夫一起担任联合培训师。在可能的情况下,他们希望利用具有平台技能的员工在史蒂夫的支持下进行实际的指导工作。对于这些员工,史蒂夫举办了一系列研讨会来培训他们,并为他们提供了举办研讨会所需的额外技能——他们已经具备了技术工作技能。这些培训课程也让这群主题专家有了CRM经验,可以回答课程中出现的大多数问题。所有被确认参加培训的员工都经过了工作委员会成员的适当审查,因此他们也会支持这些专家。

如果团队无法在特定小组中识别具有潜在平台技能的员工,则可以设计另一种方法。史蒂夫将承担培训首席讲师的角色。为了支持史蒂夫,团队在关键利益相关方群体中确定了一位主题专家,他将参加课程以回答史蒂夫可能无法回答的"棘手"的技术问题。史蒂夫为主题专家单独举办了一场研讨会,解释培训将如何进行,审查材料的内容,并向他们分发了在培训期间如何支持他的脚本。

工作委员会与史蒂夫·本森和宝拉·达尔伯格合作,确定了在项目结束后为CRM系统的实施做准备时,各职能团队应完成哪些模块。他们创建了一个矩阵,允许主管人员快速确定每个人需要完成哪些模块。该矩阵还让各运

第17章 做好运营准备

营团队相信培训不会浪费他们的时间，而是与他们的工作直接相关。

最后一步是与工作委员会解决认证问题。罗德过去的经验是，人们的日常工作似乎总会妨碍他们参加课程培训。人们会找借口不参加培训或试图完全避开培训。他决定确保每个人都为参加培训做好了充分的准备。

罗德希望把培训设计为强制性的，并确保如果没有做好适当的准备，任何人都不得登录CRM系统。他提前与丽莎·拉姆齐和宝拉·达尔伯格讨论了这个想法，以确保得到她们的支持。他不仅希望参加培训的人有很多，还希望确保人们能够正确使用该系统。他希望史蒂夫·本森为此开发一个简单而有效的测试。问题出现了。"如果有人失败了怎么办？"为了解决这个问题，史蒂夫·本森制定了一个流程，允许个人再次参加测试，以防问题源于一个简单的错误。但是，如果这个人再次失败，史蒂夫会安排主题专家为他做一对一辅导。辅导结束后，他可以再次参加测试。如果他还是失败，问题将交由其区域经理解决。

有了这个流程，工作委员会批准了认证，实际上他们对这个想法充满期待。毕竟，在其他情况下，强制性要求在迈德医疗科技公司已经成为某种标准，特别是在与知识产权和安全问题相关的情况下。当人们忘记或"振兴项目"可交付物在培训完成后表现不如预期时，他们也能知道如何找到所需的帮助。

> 在商界和足球界，需要做大量平淡无奇的准备工作才能取得令人惊叹的结果。
> ——罗杰·斯陶巴

随后，安妮·加西亚就培训计划与公司进行了全面的沟通。她解释了研讨会将如何整合来自业务流程变革的信息及CRM软件中的技术性内容。她与史蒂夫·本森合作制定了详细的时间表及每个关键利益相关方群体应该参加的模块。在全面发布该信息之前，工作委员会对其进行了审查和批准，一来可以确保工作委员会没有被忽视，二来可以让工作委员会了解具体情况，以防以后需要他们动员不情愿的人员参加研讨会。

罗德还决定使用另一个思路来准备运营工作，并使人们与项目可交付物保持联系：在每个利益相关方群体中确定处于不同地理区域的人来支持该项目。这些人将被工作委员会招募并确定为单一责任点（Single Point of Accountability，SPOC）。

这些人将为各个利益相关方群体的准备工作提供服务。他们是各个业务部分的内部人员，将使用罗德和他的团队编制的检查清单来监控处于不同地理区域的人是否准备就绪。检查清单包括以下项目：

> SPOC是工作委员会成员之外的额外业务人员。就迈德医疗科技公司而言，他们代表了迈德医疗科技公司在全球各地的销售、营销等团队。

- 每个人都参加过培训吗？
- 他们是否都经过了认证？
- 该区域是否开发了备份材料以回答系统上线问题？

如果有哪个项目不符合要求，SPOC会联系工作委员会成员并提醒他们注意这种情况（如不是每个人都参加过培训或经过了认证）。最后，罗德必须与IT部联系人卢克·约翰逊和信息技术总监丹·科恩合作，以确保在CRM系统进入日常运营后，为项目可交付物提供适当的支持。根据罗德的经验，很多项目无法正常结束的原因都是在项目结束时相关支持人员没有准备好承担责任。如果处理不当，这会导致问题不断蔓延并逐步影响项目的预算和进度，最终导致项目声誉受到影响——即使提供运营支持不是项目团队的责任。

绩效评估和项目可交付物

在为"振兴项目"的可交付物做运营准备的过程中，罗德面临的最大障

第17章 做好运营准备

碍之一是说服高级管理团队同意让CRM系统的用户承担责任。罗德相信问责制的基本原则——如果你想让人们正确地使用系统，他们的管理者必须期望他们这样做。然而，罗德意识到，让高级管理团队同意问责制说起来容易做起来难。

他的第一步是与宝拉·达尔伯格合作制定获得决策团队批准的策略。他们俩都意识到需要丽莎·拉姆齐的帮助，但他们需要带着计划来找她。

该计划的第一个要素是培训证书。如果他们能够获得高级管理团队的同意，要求人们在培训后通过一个简单的用户测试，那他们就向问责制迈出了一小步。由于工作委员会已经推荐了认证和必要时的补救流程，罗德和宝拉相信他们可以让高级管理团队同意他们的策略。

他们还意识到自己正在承担人力资源部的责任。他们需要聘请迈德医疗科技公司人力资源部的乔治·麦克斯维尔。如果没有乔治的支持，决策团队不会批准对迈德医疗科技公司使用的绩效评估系统进行任何变更。罗德和宝拉确信丽莎遇到的第一个问题将是乔治在这个问题上的立场。因此，宝拉要求与乔治会面，讨论"振兴项目"及其对人力资源部的影响。

正如预期的那样，乔同意了这次会议，但他最初并不清楚自己为什么要参与一场与CRM系统的项目可交付物相关的讨论。罗德和宝拉预料到了这个问题，为此他们准备了一个简短的演示文稿（该文稿基于确定演示目的的原则，是根据最有可能与乔治达成合作的策略准备的，并预测了他的反对意见），为乔治提供有关该问题的背景及他们希望得到的支持。会议结束后，他们采取行动与乔治的一位上级经理安妮特·斯普林格合作，讨论实施新绩效评估系统所需的细节。他们都同意在三周内再次讨论工作结果和改变绩效评估系统的可行性。

罗德和宝拉知道他们必须谨慎地与安妮特沟通，因为安妮特是当前绩效评估系统的主要负责人。她不会平和地对待当前系统无法正常工作的任何提示。他们的方法是将这些变更视为对当前系统的改进,他们认为这对迈德医疗科技公司来说效果会很好。这种方法奏效了,安妮特帮助他们处理了细节问题。罗德还向工作委员会简要介绍了他正在与人力资源部一起完成的工作,以便让成员们知情——罗德邀请他们为修订后的流程提供任何意见。

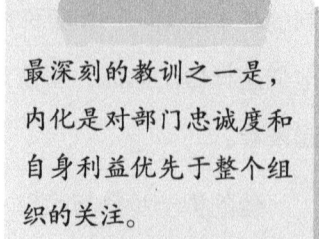

> 最深刻的教训之一是,内化是对部门忠诚度和自身利益优先于整个组织的关注。
>
> ——杰弗里·平托

在与乔治·麦克斯维尔的后续会议中,安妮特现场支持了与"振兴项目"相关的新绩效评估系统。正如罗德和宝拉所料,在提出了一些问题并质疑了几点之后,乔治同意支持这些变更,并表示将与高级管理团队一起这样做。

罗德和宝拉现在准备去找丽莎·拉姆齐。他们为丽莎准备了一份简短的介绍,向她介绍了该问题的背景、与人力资源部达成的协议及他们要求她采取的行动——将问题提交给决策团队,使其同意支持基于"振兴项目"的项目可交付物的新绩效评估系统。在请求了一些额外的项目作为备份并安排了与乔治·麦克斯维尔的会面以讨论该建议之后,丽莎准备将该项目列入决策团队会议的议程。宝拉还向丽莎建议在会议之前与一些关键领导者(如销售部副总裁尼克·温特斯)交流这个想法。

不出所料,尼克已经注意到工作委员会成员、销售部经理加里·斯泰尔斯的建议。所以,当丽莎要求讨论时,他并不感到惊讶。更重要的是,他非常愿意根据销售部经理的意见,通过一些小的改动来支持这个想法。

当这个问题最终被列入决策团队会议的议程时,结果已成定局。虽然存在一些问题,但总体而言,决策团队一致支持新的绩效评估系统。

最后一步是确定如何最好地将决策传达给公司员工。罗德和宝拉与沟通专家安妮·加西亚一起研究了多个选项。他们考虑：

1. 发布公告。

2. 将其包含在培训中。

3. 使其成为管理委员会的一个要素。

在考虑了每个选项的利弊之后，他们认为将其纳入管理委员会是最有意义的。毕竟，在这些沟通会议上，各级别的人都在与他们的主管讨论"振兴项目"。

然后，安妮被要求重新制定管理委员会的议程，在议程中包含与执行新的绩效评估系统相关的决策和细节。

准备情况检查清单

准备情况检查清单如图17.2所示。可根据清单内容与不同的人沟通项目情况。

与经理沟通

每个人都有不同的价值观（他们看待世界的方式不同），从而产生了不同的沟通需求。每种价值观都有积极和消极的方面，这通常是情境化的。但是，这里有一些提示，可以帮助你识别拥有不同价值观的经理需要什么样的沟通。

以人为本的经理

以人为本的经理积极的特征包括他们真正关心他人，通常不做评判。对于为他们工作的人，他们通常会提供清晰的口头和非口头反馈，并且会很快注意到他人的情绪。他们还对与他人建立关系感兴趣，包括项目中的人员。

"振兴项目"准备情况检查清单

说明

准备情况检查清单使用一组（20个）标准的问题，涵盖了可能造成项目风险的准备情况的基本来源。我们希望在推出 CRM 系统时，通过您和您的资产团队中其他人的答案来评估所有风险，以实现"振兴项目"的成功。负责人和项目经理有责任评估准备情况检查清单的结果，以解决和管理任何与项目相关的风险。我们将提供对您组内 SPOC 响应的摘要。

在这份清单中，每个问题都使用 7 分量表来回答。其中，1 分代表最消极的反应，表明高度担忧人们接受 CRM 系统的准备情况；4 分代表中立反应，表明您的团队不知道或尚未形成对该问题的态度或意见；7 分代表最积极的回应，表明人们对成功实施 CRM 系统已经做好了充分的准备。

完成评估

回答每个类别的问题，请圈出你的答案。例如：

1. 变革论证/指导	毫不　　　中立　　　非常
对"振兴项目"的变革论证理解到什么程度？	1　2　3　4　5　⑥　7

准备清单

组件分类问题	答案量表
领导力	
1. 变革论证/指导 对"振兴项目"的变革论证理解到什么程度？	毫不　　　中立　　　非常 1　2　3　4　5　6　7
2. 动机 我认为我的经理有多大的动力成功地完成CRM系统的实施？	毫不　　　中立　　　非常 1　2　3　4　5　6　7
3. 领导力 "振兴项目"的管理层领导力多大程度上可见？	毫不　　　中立　　　非常 1　2　3　4　5　6　7
4. 承诺 "振兴项目"对我的管理有多重要？	毫不　　　中立　　　非常 1　2　3　4　5　6　7
组织	
5. 能力和资源 该团队在多大程度上投入了有效使用CRM系统所需的努力？	毫不　　　中立　　　非常 1　2　3　4　5　6　7
6. 奖励 人们会在多大程度上因使用CRM系统而获得奖励？	毫不　　　中立　　　非常 1　2　3　4　5　6　7
7. 绩效评估 该团队在多大程度上愿意改变人们对其工作绩效的评估方式以适应未来CRM系统的使用？	毫不　　　中立　　　非常 1　2　3　4　5　6　7

图 17.2 "振兴项目"的准备情况检查清单

8. 团队工作 CRM系统能否改善迈德医疗科技公司内部团队的合作？	毫不　　　　中立　　　　非常 1　2　3　4　5　6　7	
9. 流程变革 CRM系统是否与修正的业务流程相关联以帮助你在工作中更加高效？	毫不　　　　中立　　　　非常 1　2　3　4　5　6　7	
10. 竞争 在管理业务中使用CRM系统能在多大程度上给我们带来竞争对手没有的优势？	毫不　　　　中立　　　　非常 1　2　3　4　5　6　7	
11. 文化 使用CRM系统能在多大程度上与团队文化相契合？	毫不　　　　中立　　　　非常 1　2　3　4　5　6　7	
12. 兼容性 "振兴项目"能在多大程度上帮助迈德医疗科技公司实现业务目标？	毫不　　　　中立　　　　非常 1　2　3　4　5　6　7	
团队		
13. 角色/责任 在"振兴项目"完成后，你的团队对职责上的变化有多大程度的信心？	毫不　　　　中立　　　　非常 1　2　3　4　5　6　7	
14. 职业机会 对你和你的同事来说，该项目在多大程度上会增加你们的职业发展机会？	毫不　　　　中立　　　　非常 1　2　3　4　5　6　7	
15. 技术支持 在CRM系统落地后，你的团队对项目成功所需的技术支持有多大程度的信心？	毫不　　　　中立　　　　非常 1　2　3　4　5　6　7	
16. 培训 在培训中，你的团队能有效地使用CRM系统有多大程度的信心？	毫不　　　　中立　　　　非常 1　2　3　4　5　6　7	
17. 工作量 团队对CRM系统将帮助大家更有效地工作有多大程度的信心？	毫不　　　　中立　　　　非常 1　2　3　4　5　6　7	

评论

请写下您对我们没有询问的关于CRM系统实施的任何意见，以及您对准备情况检查清单的任何意见和/或您对问题的回答。

图 17.2 "振兴项目"的准备情况检查清单（续）

然而，以人为本的经理也可能有消极的特征。例如，他们可能会过度关注他人的感受，并将自己的情绪深藏心底。如果你的项目给他们的员工中带

189

来了压力或焦虑，那就有问题了。此外，他们倾向于避免看到别人的缺点。他们在提供反馈时可能会有点表达过度，在建立关系时可能没有足够的辨别力。

鉴于这些特点，他们需要你做什么？首先，当你与他们沟通时，用事实和逻辑说话。你必须表达得更直接，并专注于你需要他们执行的任务或承诺。你必须尊重他们的诚意，最重要的是，当你向他们做出承诺时，要表现出你的坚持。

以行动为导向的经理

另一个不同的群体是那些以行动为导向的经理。他们的积极特征包括能够快速切入主题并提供清晰的反馈。他们非常擅长专注于理解手头的任务，并且可以帮助那些可能被借调到你的项目的人专注于重要的事情。他们会鼓励别人有条理，并会在你与他们的沟通中发现不一致的地方，所以你要注意这一点！

这类经理的消极特征是缺乏耐心。他们可能倾向于提前完成他人的想法。他们可能会被说话没有条理的发言者或混乱的沟通分散注意力。在面对管理委员会时，他们可能倾向于提出直率的问题，并且可能显得过于挑剔。此外，他们还可能会尽量减少与员工的人际交往。

鉴于这些特点，他们需要你做什么？他们需要你灵活地处理工作流程，并明确他们及其团队的优先事项。你还需要表现得非常有条理，否则他们会立即解雇你，并为你的项目可交付物创造一个糟糕的环境。

以内容为导向的经理

这类经理非常重视技术信息。他们会不断测试你的沟通是否清晰易懂。他们倾向于鼓励他人为他们的想法提供支持，因此他们会期望你也这样做。

总体来说，他们会欢迎复杂的、具有挑战性的信息，并且可以分析问题的各个方面。

这类经理的消极特征是可能过于注重细节，事实上，他们经常陷入细节的泥潭，以至于忽略了大局。请注意，这类经理可能会通过提出尖锐的问题来恐吓他人，因此在与他们沟通时要做好准备。此外，他们很可能会最大限度地减少非技术信息和/或非专家提供的"折扣"信息的价值，在与他们沟通时请记住这一点。最后，这类经理可能需要很长时间才能做出决策，因为他们倾向于深入讨论细节，并觉得需要从各个角度去分析所有的事情。

鉴于这些特点，他们需要你做什么？你需要让他们知道他们的所有行动是否对时间敏感，或者他们是否需要快速地做出决策。如果可以，尽量在项目的一些细节上向他们的反对意见妥协。

你可以通过权威专家（如受人尊敬的内部人员）向他们传递信息，在与他们的沟通中保持敏感性。

以时间为导向的经理

这类经理非常注重管理自己和他人的时间。你需要提前让他们知道他们应该留出多少时间，从而为会议和对话设定时间准则。这类经理在与他人沟通时，会劝阻"啰唆"的发言者，当有人浪费时间时，他们会给出一些暗示。

这类经理的消极特征是容易对时间失去耐心。当其他人正在讲话或没有真正"阅读"接收到的书面信息时，他们很容易打断这些人。他们还可能会让时间影响他们专注于任务的能力，并通过频繁看手表或时钟来催促与他们一起工作的人。这种行为会限制他人的创造力。

鉴于这些特点，他们需要你做什么？为了与这类经理沟通，你需要分析他们"匆忙"完成工作所带来的风险。我建议你在与这个群体打交道时保持谨慎，在决定如何与他们沟通之前要慎重。在与这个群体沟通之前，一定要先调查清楚所有事实！

喜欢使用隐喻的经理

在与经理沟通时，你还应该注意他们使用的隐喻。你会注意到，大多数人会用文字描述他们周围的世界及他们在这个世界上的位置。这些生动的隐喻通常来自体育、文学、电视、宗教或其他大部分人都感兴趣的领域。这些图像将为你提供有关这些经理重视和恐惧什么及他们的行为规则的线索。这些隐喻也会揭示他们对当前形势的乐观、悲观或困惑的看法。考虑到这一点，当你与经理沟通时，请注意他们使用的隐喻。

为项目可交付物做好运营准备既困难又耗时（见图17.3）。但是，为正确地做好运营准备而投入的精力和时间对最终判断项目的成功至关重要。

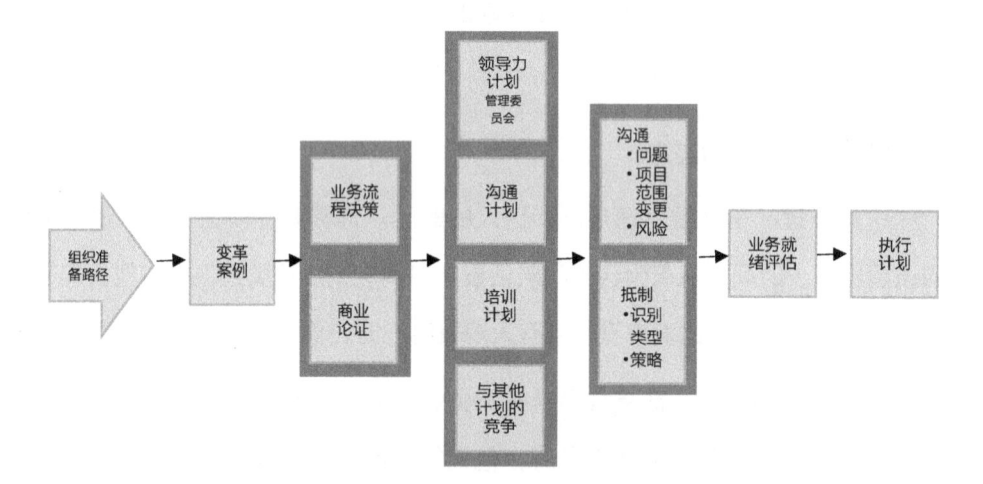

图 17.3　为项目可交付物做好运营准备的流程

第17章 做好运营准备

本章要点：

　　培训的内容应包括：一旦项目移交给运营人员，他们将如何实际完成他们的工作。
- 让企业决定是否进行认证。
- 使用 SPOC 提供有关培训的完整信息包以进行沟通。
- 应在培训中说明项目可交付物进入运营阶段后，如何评估员工的工作。
- 记住中层管理人员（经理）的重要性，并认识到与他们有效沟通的最佳方式。

第18章将研究如何在项目的规划过程中克服变革阻力。

第 18 章

克服变革阻力

第18章 克服变革阻力

本章将着眼于人们抵制变革的常见原因，以及如何有效地应对这些抵制行为。此外，本章还将详细介绍在项目执行过程中可能遇到的不同类型的人，以及项目经理如何对他们的行为做出回应，无论是亲自管理还是通过组织的领导来管理。

本章还将帮助项目经理区分那些相对无害的人（我将这类人称为"墙头草"）和那些会对项目成功造成真正危险的人（我将这类人称为"破坏者"）。本章将展示如何将沟通计划与领导力计划和综合培训计划相结合，以帮助项目经理克服变革的阻力。除此之外，本章还将回顾第2章的内容。

以下是本章介绍的内容及解决相关问题的策略。

- 抵制变革的原因。
- 阻力的类型。
- 如何克服阻力。

> 那些成功的、积极向上的人将成为变革的主人。他们善于将自己和他人的活动转向未曾尝试的方向，以实现更高水平的成就。他们能够获得并使用权力来进行创新。
> ——罗莎贝丝·莫斯·坎特，作家、哈佛商学院教授

> 组织拥有复杂、完善的免疫系统，旨在维持现状。
> ——彼得·森吉等

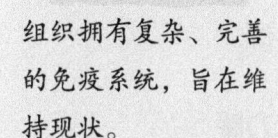

抵制变革的原因

害怕

出于对项目及项目所提供的产品和服务的恐惧，运营人员通常只会看到最坏的情况。在"振兴项目"实施过程中，工作委员会报告说，他们在

员工那里听到了这样的说法："变革之后，公司将不再需要我们，我们会失业。""我曾经被视为这方面的专家，新系统实施后，我将和大家一样，什么都不懂。"

罗德明白，这种看法通常源于一种根深蒂固的信念，即人们担心项目交付后失去个人竞争力。他通过工作委员会成员向业务人员坚决保证项目团队将确保他们为CRM系统做好充分的准备。此外，他还详细描述了所提供的培训，这些培训为迈德医疗科技公司的每个岗位人员都提供了使用CRM系统的具体指导。他确保项目团队会开发一种工作辅助工具——无论是设置一条专门用于解决CRM系统问题的电话咨询专线，还是直接向人们发一份带有通用说明和信息的备忘录，让迈德医疗科技公司的员工在遇到问题时使用。工作委员会提出了另一个担忧：新系统推出后，犯错的人会受到惩罚。例如，"迈德医疗科技公司在这项变革上花了很多钱。第一个搞砸的人会第一个被解雇。"为了消除这种恐惧，罗德与宝拉·达尔伯格和安妮·加西亚合作构建了正确的信息，并将这些关键点纳入管理委员会。罗德希望通过让每个人直接从他的老板那里听到"你不会因犯错而遭受惩罚"来克服这种特殊的恐惧。

无力感

有时，当项目在公司内部产生重大变革时（如"振兴项目"给迈德医疗科技公司带来的变革），人们可能觉得自己的想法没有受到重视。工作委员会报告说他们听到了这样的说法："上次我们进行这样的项目时，我告诉他们如何让它发挥作用，但他们不听。"或者"管理层只关心自己，我们其他人在这里被当作实验室的小白鼠，我们的想法并没有被关注。"为了消除这种恐惧，罗德在工作委员会会议上花了一些时间向成员们解释，他们的主要职责就是化解这种恐惧。罗德解释说，这是他想确保他们在做出各种决策之前寻求其团队的意见的根本原因之一。他还希望他们积极宣传这一事实，即他们正在征求关键人员（不一定是每个人）的意见，这样这种说法就不会再次出现。工作委员会终于意识到罗德要求他们处理影响其员工的业务决策的方式是多么明智。

看不到项目的收益

通常，克服阻力会导致人们意识不到项目的收益。当收益是长期的，或者当收益本质上是使他人受益时，尤其如此。罗德知道这是一个常见问题，他也知道如何通过沟通来解决这个问题。

他与安妮·加西亚合作使用了变革案例并对其进行修改，使其对迈德医疗科技公司中的各个管理层都更有意义。他的目标是，在每次管理委员会开会之前完成调整，以便使变革案例的内容在研讨会中更有针对性。在每次研讨会中，管理层都会以一种人们可以真正了解变革将如何影响他们的方式来审查文件。他指示安妮不要改变文本的总体方向，而是随着管理委员会在公司的推动，提供更多的信息。这不仅是解决变革案例中标准问题的一种方式，而且专门解决以下问题。

- "它对我有什么益处？"
- "未来有什么收益？"
- "这是公平的，还是只是针对所有一线员工进行的又一次改变？"

阻力的类型

各种类型的阻力都会给项目经理和项目团队带来挑战。他们倾向于从不太"危险"的人入手，逐一应对。

罗德·汤普森与他的变革管理和沟通专家安妮·加西亚合作，确定了各种关键利益相关方，并将他们归入各个阵营。他们知道这些人是一个连续统一体，因此他们决定对这些人从"对项目无害"到"可能破坏项目"进行相应的排序。

罗德和安妮识别的第一个群体是那些试图忽略项目并希望项目消失的人。这类人通常会悄悄地反对项目的成果，不会以任何公开的方式反对。罗德和安妮识别这个群体的方式是仔细观察：当这个群体被要求做与项目相关的工作时，他们通常言行不一致。例如，市场营销部的一位主要参与者会在公开场合说CRM系统很重要，每个人都需要支持它。每次她被邀请参加与CRM系统相关的会议时，她都会接受邀请，但她从来不会在预定的时间出席。罗德并不认为这个群体太危险，但他认识到任何对项目不诚实的人都是一个潜在的问题。当他们是关键利益相关方时，罗德会确保他们定期接受工作委员会成员或负责人宝拉·达尔伯格的问话。他想确保他们有定期的私人交流，这样他就可以确认他们不会进一步变成更麻烦的阻力。

罗德和安妮识别的第二个群体是那些不愿做决定的人。罗德知道这类人通常非常谨慎，想站在获胜者那边。他们的方向非常政治化，通常不太危险，但罗德要确保项目团队成员知道这些人，因为他们总是在挑项目团队的错，这可能会给他们一个借口撤回他们的支持。罗德知道他必须对这个群体保持谨慎态度，并确保自己在与他们沟通时保持谦逊。这个群体中也有例外——那些可能会成为项目阻碍者的中层管理人员。就像对待第一个群体一样，罗德为第二个群体的每名经理分配了一名工作委员会成员，为他们提供频繁的私人交流，以赢得他们的支持。

对于第三个群体，罗德和安妮将他们标记为"持异议者"。该群体对项目方向或工作委员会做出的一些商业决策持反对意见。罗德知道他们坚信自己反对"振兴项目"某些方面的信念和理由。这个群体更难控制，更不用说赢得他们的支持了。然而，罗德也谨慎地认识到这个群体学识渊博，实际上他们可能会发现项目团队或工作委员会遗漏的项目细节中的风险或缺点。因此，他小心翼翼地确保这些人不会被忽视，并且仔细评估他们的评论，而不是直接不予理会。与这个群体的沟通可能需要包含"软硬兼施"的信息。为此，销售部副总裁发出了一份说明，成为管理这个群体的经典示例。他在说明中写道：

> 迈德医疗科技公司领导团队100%支持这个新的CRM系统。我们想向每个人强调我们个人的全力支持及对项目的重视。接下来，你们将与各自直属主管沟通，为支持和使用新系统做好准备。

罗德还将其中一些人分配给了他的项目负责人宝拉·达尔伯格。虽然这不会改变他与这些人之间的基本意见分歧，但他知道宝拉受到公司内广大员工的尊重。如果个别经理开始阻碍项目的进展，而宝拉与高级管理团队有政治联系，她就会让事情变得"不舒服"，这些持异议者也知道这一点！虽然宝拉对与这些人进行一对一沟通的任务并不感到振奋，但她能够理解为什么自己需要做这件事，并且同意了罗德的建议。

罗德和安妮识别的最后一个群体是对项目最危险的，这个群体被确定为"破坏者"。罗德意识到这个群体通常对高级管理团队保持沉默，因此他们不会被认可。他对这个群体的经验是，他们可能非常具有攻击性，只要他们有半点机会，就会在背后"捅你一刀"。他意识到必须不惜一切代价控制这帮"少数派"，他们确定了两个人。如果不加以控制，这两个人就会通过散布谣言和错误信息来制造分歧和矛盾。罗德与他的支持者宝拉一起审查了他和安妮所做的评估，在取得了宝拉的同意后，他们制订了控制这两个人的计划。

> 如果人们帮助设计了新流程，他们更有可能使用新流程。参与回答"如何做"问题的人越多，他们就越相信"如何做"。
> ——史蒂夫·罗宾斯

具体的计划是，如果有需要，罗德会提醒丽莎·拉姆齐出面干预。宝拉还联系了这两个人的直属主管，她同意为这两个人提供个性化的一对一沟通。最终的策略是与这两个人的直属主管保持直接沟通，并密切关注破坏者可能正在散布的破坏项目的谣言。

如何克服阻力

- 确保所有高级管理人员都参与其中。通过你的支持者和发起人来确保高级管理团队在言行上都参与你的项目。

- 非常清楚地沟通并确保所有沟通都针对特定的人——不要落入电子邮件的陷阱。确保向人们描述项目带来的预期变化的性质，并为这些变化提供清晰的理由。必要时，使用变革案例来解释商业论证和项目失败的潜在风险。

- 确保所有中层管理人员/主管都参与该项目。不要忘记，这些人负责监督大部分业务工作。你需要他们的支持。如果他们是阻力的一部分，请制定克服阻力的策略。

- 确保员工敬业。发挥工作委员会的作用，让员工有机会提供意见和反馈，将它们作为项目决策的一部分依据。

- 确保关键影响者参与其中。关键影响者并不总是拥有重大的头衔，但他们可以帮助你使人们相信项目的可交付物。要想吸引他们加入项目，你首先必须找出他们是谁（见表18.1），然后与他们进行非正式会面，征求他们的意见，并让他们不带感情色彩地参与（或者让合适的项目团队成员与他们沟通）项目。之后，定期与他们沟通，并将他们作为与公司进行更广泛沟通的反馈工具。

- 并非所有对变革的抵制都出于相同的动机（如恐惧或无助），抵制也并非总是坏事（不要忘记项目的反对者，他们在技术上非常出色）。

- 如果人们参与了这些变革的设计，他们就更有可能接受来自项目的变更。

表 18.1 负责人实施清单

负责人问题	准备情况评估	后续行动
1. 我能解释这个项目的收益及其与公司的利害关系吗	是 否	
2. 我是否知道项目时间表及每个团队何时会受到项目的影响？我是否已将其传达给运营部门	是 否	
3. 我是否知道 CRM 系统实施后引发的变化及每个团队和职能部门将如何以不同的方式工作？我是否与运营部门分享了这些变化	是 否	
4. 我是否已经告知人们可以在哪个网站上找到最新的信息	是 否	
5. 我是否经常与运营部门沟通以分享"振兴项目"？随着项目的进展，我是否经常向运营部门寻求反馈	是 否	
6. 我是否积极主动地预测项目实施过程中可能出现的瓶颈或其他问题？我是否为工作委员会提出了解决这些问题的替代方案	是 否	
7. 我是否已经与各运营团队交谈以了解他们对"振兴项目"的看法	是 否	
8. 我是否识别了对项目持消极态度的人并与之进行了交谈，询问他们为什么不支持该项目	是 否	
9. 当运营团队提出问题或我无法回答问题时，我是否知道如何从项目团队那里获得答案	是 否	
10. 我是否识别了高峰工作负荷时间并将其传达给培训协调员？我是否提供了工作进度的替代方案以确保所有同事都接受所需的培训而不影响公司的绩效	是 否	

注：此清单旨在指导你完成"振兴项目"的实施。

总之，可以通过让人们了解情况和参与其中等多种方法来使他们对项目的变革感到更加舒适。不要直到最后一刻才让人们了解真相。

Communications Skills for Project Managers

> **本章要点：**
> - 人们抵制项目变革的原因有很多。
> - 阻力往往来自四个不同的群体，有些群体对项目的成功比其他群体更加危险。
> - 使用沟通来克服项目变革的阻力。

问题（包括反对）的另一个来源是公司同时发布多个项目——这些项目通常会影响同一个群体。第19章将讨论如何处理这种情况。

第 19 章

处理项目的优先级问题

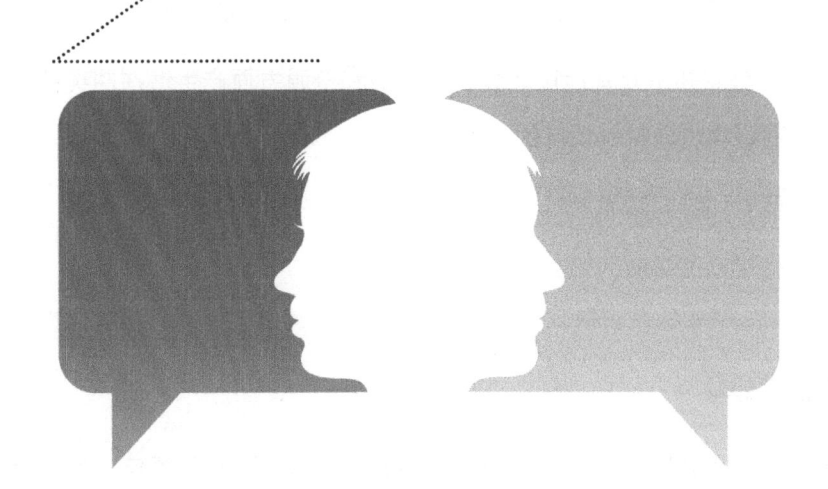

每位项目经理都可能遇到过这样的情况：项目突然且出乎意料地受到公司同时进行的其他项目的影响。

当你的项目成员被拉走时，你的挫折感会增加，导致日程安排被延误。当你的项目把你的注意力从非常重要的工作上转移走时，你的挫折感也会增加。这些情况可能会影响：

- 项目团队成员的可用性。
- 所有项目所在的政治氛围。
- 业务团队为项目可交付物做准备时，其他人员的可用性。

如果没有管理层的支持，或者管理层没有兴趣，这种孤立无援的感觉会导致严重的士气问题。沟通是保证你的项目在与其他项目竞争时胜出的关键因素。

好消息是，使用适当的沟通可以缓解这种情况，让你的工作处于管理层的前沿和中心。同时，你可以最大限度地让自己的努力发挥作用。

本章将研究如何处理项目优先级问题，然后具体研究罗德·汤普森在"振兴项目"期间是如何处理这种典型情况的。

要想成功地管理内部竞争，项目经理必须遵守一些关键原则：

1. 保持态势感知（对其他可能会在优先级和资源方面产生潜在冲突的项目的感知，这些冲突会影响项目的成功）。

2. 规划横向和纵向沟通。

3. 快速解决潜在冲突。

保持态势感知

项目经理必须特别注意项目期间公司内部正在推进的其他项目。许多公司会因为同时实施大量项目而导致"主动性疲劳",而且这些项目通常都没有很好地结合起来。结果,人们对他们被要求承担的庞大工作量和遭遇的变化感到不知所措。虽然项目集管理不是本章或本书的目标,但毫无疑问,你也可以将我的一些建议视为项目集管理的一部分。

你可能会问:"沟通如何帮助改善这种情况?"事实上,你无法通过沟通来改善这种情况。但是,你可以通过忠实地执行沟通计划,包括不断重复变革案例,并在其他项目可能妨碍你的项目成功时对沟通计划进行调整,从而使你的项目始终能得到人们的关注。

> PMI将项目集管理定义为,对一组有关联的项目以统筹协调的方式来管理和控制,以获得单独管理各项目无法获得的收益。

例如,如果六西格玛项目需要对组织内的运输部门进行培训,则项目经理必须了解运输部门正在实施的所有其他项目,因为其他项目也可能有培训要求。无论六西格玛项目的重要性和要求如何,大多数部门都不会让其关键人员离岗去进行长时间的培训。

在与利益相关方沟通时,你必须了解如何将这些项目结合在一起,以及是否对项目的关键路径有潜在的影响,并进行相应的调整。当项目资源结构中的项目团队成员需要以矩阵结构从各部门借调时,这种情况经常发生。他们的运营职责通常会超过分配给他们的项目工作。此外,最优秀的人员通常会被安排在多个项目中,因为他们是最优秀的!你可能需要帮助他们管理工作的优先级,而答案并不总是你的项目的优先级排在第一位,否则你将失去团队成员的信任。

规划横向和纵向沟通

在沟通计划中，大多数项目经理都会考虑与利益相关方进行垂直沟通（这是正确的）。也就是说，管理人员的优先级排在项目经理和那些与项目成功有着重大利害关系的人之上。但是，项目经理并不总会考虑所需的横向沟通。在横向上，我指的是组织架构图和那些可能与项目经理处于同一级别的经理们。作为项目经理，你必须与这些经理沟通，尤其是当他们正在实施其他可能影响你的项目的项目时。最后，不要忘记与可能不受项目直接影响的其他部门经理进行交叉沟通，并与可能对项目可交付物感兴趣或受其影响的供应商保持沟通。

在沟通中，要始终牢记公司内部多级领导层和管理层之间的关系。这将帮助你保持各种沟通所需的敏感性。此外，要对他人的权力范围保持敏感性。例如，要求几个部门的经理实施对你的项目成功很重要但显然超出他们执行能力的特定政策或流程，像这样的错误会导致他们对你传达的信息持怀疑态度，他们会认为你不了解他们的情况。

> 关于（政治）影响，要记住的关键点是，它通常是一种非正式的权力和控制方法。善于利用影响力推进目标的项目经理通常在幕后工作、谈判、达成交易，或者收集和提供凭据。
>
> ——杰弗里·平托

快速解决潜在冲突

当潜在的冲突出现时，不要指望它们会自动消失。应在评估以下要素后尽快解决这些冲突。

- 责任。
- 权力。

- 政治氛围。

责任

你需要非常清楚谁应该对这种情况负责并与他交换意见，你需要与他合作以解决问题（希望如此）。寻找你应付这种情况的最低条件，并准备好在这些条件下进行谈判。

权力

在某些情况下，你无法与他人成功协商解决方案，这时你需要确定谁有权做出决策，而你和另一方都会接受该决策。

政治氛围

请务必在沟通之前考虑公司的政治氛围。请记住，无论你是以纸质文件还是以电子邮件的方式传递信息，由于各种原因，这些信息往往会被其他人看到。永远要记住那些二级受众。

这些二级受众将如何接收信息并做出反应？记住，对于具有政治性质的信息，应保持内容简短、切中要害，并注意让每条信息都有意义。如果你对书面信息的要点有疑问，请不要将其发送出去！最好向某些人打电话或亲自见面以确认信息。

> 二级受众是指信息接收者之外的人，他们会看到信息，并可能对信息的内容做出强烈的反应。

"振兴项目"遭遇的优先级问题

罗德·汤普森遭遇的困境反映了大多数项目经理所面临的困境。在周四下午的工作委员会例会期间，罗德了解到他的项目与某项销售计划存在潜在冲突。工作委员会的销售部经理加里·斯泰尔斯说，销售部门内部关心销售代表需要花费多少时间来准备CRM系统。罗德知道这项销售计划，但他还不知道它会如何影响他的项目，他现在知道了答案。研发部门开发了一条新的产品线，很快就会投入生产，销售团队对交付新产品订单寄予厚望。销售团队需要进行两天紧张的培训工作，以了解新产品的特点和潜在的目标市场。预计他们将在培训结束时制订计划草案并修订今年剩余时间的销售目标。

　　罗德的培训专家史蒂夫·本森估计需要实施三天的培训才能让销售团队做好充分准备以有效使用CRM系统，再加上新产品工作坊，销售代表将"出街"一周！这会对销售团队造成很大的影响，因为他们的工资是根据销量发放的，而他们在接受培训期间根本没有销量。此外，他们现在需要实现额外的销售目标，而留给他们实现销售目标的时间却不多。销售团队内部正在酝酿一场真正的变革，罗德知道这一点。

　　在仔细考虑了当前的情况后，罗德要求与负责人宝拉·达尔伯格会面，以商量应对之策。这可能是一个高度紧张的政治局势，因为尼克·温特斯与公司CEO有着密切的联系。但是，如果不对销售代表进行适当的培训，风险会很大。

　　罗德与宝拉讨论了情况后，要求史蒂夫与正在准备产品培训内容和培训时间的培训人员会面。罗德要求史蒂夫找出可能的培训时间。他还希望史蒂夫确定他们是否可以将CRM系统培训与产品培训相结合，以节省时间，同时保证每个人在这两个项目上都得到充分的培训。

　　与此同时，罗德和宝拉与发起人丽莎·拉姆齐会面，向她简要介绍了情况。他们解释了自己正在探索的选项，并表示如果需要帮助，他们会回来找她。罗德概述的风险主要与时间表及由于时间表延误而产生的相关成本有关。罗德谨慎地向丽莎解释说，项目团队非常清楚保持销售团队的专注力的

第19章 处理项目的优先级问题

重要性，因为他们处于价值链的前端。然而，销售代表没有得到适当培训的风险可能会导致与CRM系统相关的"垃圾进，垃圾出"的老问题。

经过大量艰苦的努力，史蒂夫·本森带着好消息回来了。他和产品团队确定了一种方法，将培训与销售团队的一场异地会议（持续一周）结合起来。唯一的问题是他们还没有与尼克·温特斯表明这个想法，如果没有他的批准，这个想法不可能实现。

然后，罗德给丽莎发送了一封电子邮件，因为他知道她有几天出差，不在办公室。他写道：

致：丽莎·拉姆齐

抄送：宝拉·达尔伯格

主题：销售代表的潜在培训冲突

丽莎：

我们有一个潜在的解决方案来解决之前向你提及的培训冲突，但我们需要尼克·温特斯的同意。这涉及使用销售团队的异地会议时间，并且需要尼克变更他的议程。我想与你和宝拉更详细地讨论这一情况。请让我知道何时可以与你进行电话沟通，届时我们可以计划如何与尼克联系。

此致

罗德·汤普森

> 大多数成功的商业人士在与他人沟通时都非常擅长找到合适的沟通风格，但许多人未能将这种技能应用到他们的写作中。他们的写作风格通常过于僵硬和正式，或者过于轻松和口语化。为了以合适的风格写作，你需要监控写作的两个属性——所需的动机程度和正式程度。
>
> ——理查德·比尔克

请注意罗德在电子邮件中的表述——简洁明了。邮件内容以积极的语气开始，罗德让丽莎立即知道解决问题需要什么，并激励她采取他建议的行动。邮件还使用了正确的措辞，使二级受众（如销售人员）不会感到不安或担心，因为在邮件中，罗德显然遵循了迈德医疗科技公司内部的权力界限。

罗德、宝拉和丽莎使用了安妮·加西亚在工作委员会成员加里·斯泰尔斯（来自销售部门）的帮助下准备的演示文本草稿。他们努力完善草稿，以便与尼克·温特斯讨论。接着他们讨论如何提出这个建议，以及如何将其纳入尼克的异地议程。然后他们就尼克可能提出的问题和反对意见及他们的回答策略进行了头脑风暴。在与丽莎讨论了是让罗德还是让宝拉（或两者）参加会议的利弊之后，大家决定让罗德参加，因为在整个头脑风暴会议上，他可能是回答会议期间的详细问题的最佳人选。

在充分准备的基础上，他们获得了尼克·温特斯的同意，他们可以使用销售团队每周的部分外出时间进行CRM系统培训。尼克唯一的条件是，当CRM系统培训需要调整时，他拥有批准最终议程的权力。丽莎很高兴地答应了——她又度过了日程安排上的一场危机。

本章要点：

- 认识到你的项目并不是公司中唯一正在实施的项目，你需要监控其他人对你的项目的影响。
- 规划横向和纵向沟通，以管理来自其他项目的竞争。
- 快速处理冲突，并通过你的支持者及沟通来管理这些冲突。

如果你遵循这些指导方针，并密切关注与你的项目的优先级有竞争的其他项目，你就能将自己的项目置于管理层关注的前沿和中心，并获得项目成功所需的支持。

第 20 章

编写收尾报告

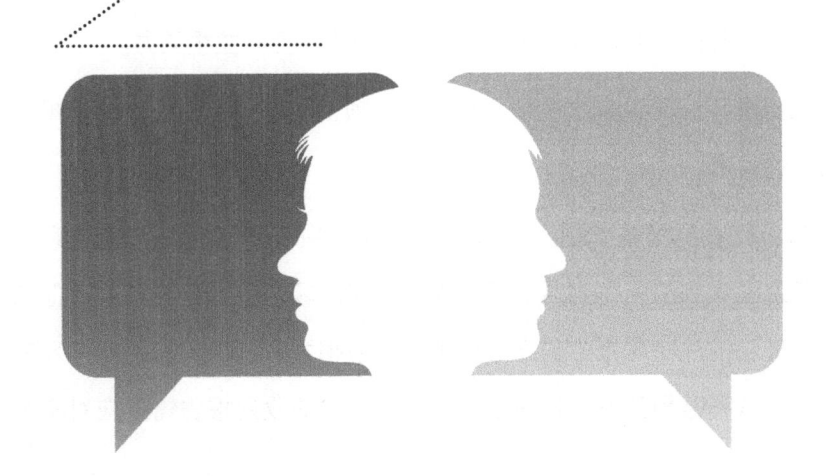

当罗德·汤普森准备编写项目的收尾报告时，他想起了自己参加过的PMI区域分会会议，有位演讲者专注于编写有效的收尾报告。这位演讲者指出，大多数标准的收尾报告都是对与项目相关的统计数据的无聊描述，例如：

- 成本报告。

- 进度。

- 其他项目数据。

这位演讲者谈到，收尾报告既是对项目的回顾，也是项目团队成员对绩效的最终评估。小型项目的收尾报告可能不超过两页，大型项目的收尾报告可能有二十页长。罗德意识到他的项目属于大型项目。这位演讲者提醒人们参考几乎所有项目经理都保存的项目日记和PMI建议作为项目管理标准实践的常用日志。演讲者解释说，有了所有这些随时可获得的数据，编制最终报告应该相对容易一些。

这位演讲者提议将收尾报告视为关于项目目标和项目团队取得成就的营销文件。它应该是商业领袖可以阅读的项目叙述，以确定从商业角度来看项目的成功程度。

这位演讲者认为，在编写项目收尾报告时，通常有两种不同的受众。

1. 关心商业利益并首先解决项目问题或难题的业务利益相关方。

2. 项目经理们，无论是坐在项目办公室、项目集办公室的人，还是想了解项目细节的同事。

在起草项目收尾报告之前，罗德回顾了他在项目开始时从沟通专家安妮·加西亚那里学到的所有沟通的通用要素。当回顾这些通用要素时，他意识到他需要真正关注收尾报告的三个要素：利益相关方分析、目的和开发信息的策略。他从利益相关方分析开始，并意识到他的收尾报告需要应对两个群体——业务利益相关方和项目利益相关方。

业务利益相关方

罗德意识到业务利益相关方通常是那些需要使用CRM系统解决问题的人。此外，他们要么为项目提供资金，要么推动其他人为项目提供资金。他们对"振兴项目"带来的商业收益最感兴趣。对于"振兴项目"的收尾报告，他决定使用包含以下主题的高级格式。

> 期望（利益相关方）因为你是一个好人而公平地对待你，有点像期望公牛不会因为你是素食主义者而攻击你。
>
> ——丹尼斯·沃利

- 背景信息。
- 商业收益。
- 主要成就。
- 与业务利益相关方的沟通。
- 为未来的项目积累的经验教训。
- 项目结束时的遗留问题清单。
- 基本项目信息。
- 最终观察。

以下是这些主题的详细信息。

背景信息

在这一部分，罗德需要列出批准"振兴项目"时公司的所有背景信息。由于这些利益相关方是业务人员，他回顾了业务试图通过该项目实现的关键目标以及他们试图解决的问题。

商业收益

这部分基本上重申了"振兴项目"被要求实现的商业收益,以及罗德如何相信项目在完成后将业务定位在切实实现这些收益上。罗德在这部分提到了许多项目经理都知道的东西——大部分商业收益都需要时间来跟踪和记录。然而,有些即时收益会在项目一开始就能确定,如改进流程文档和改进各个职能团队之间的沟通,罗德急于获得这些收益。他还谨慎地列出了"背景信息"部分概述的每个目标的预期收益。他先确定了定量收益(金钱收益),然后确定了定性收益(如使订单输入更便捷或更高效)。

主要成就

这部分内容在罗德的报告中比较简短,但他想强调项目的一些关键成就,如满足了进度表并在计划的预算内完成了项目,以及说服了持怀疑态度的用户群体。罗德意识到有必要提醒业务部门"振兴项目"确实取得了重大的成就。如果没有提醒,罗德担心这些成就可能会被忽视。

与业务利益相关方的沟通

罗德编写这一部分的基本目的是强调沟通在项目进展过程中的重要作用。他甚至还列举了一些成功克服引入项目时的变革阻力的例子。罗德还与他的支持者宝拉·达尔伯格合作,为代表关键业务利益相关方的项目团队所完成的工作的质量写了一份高水平的分析,并将其与这些业务利益相关方的期望相匹配。他想寻求宝拉的帮助,因为他希望能够从反对者那里捍卫收尾报告的质量,而宝拉将为他的陈述提供可信度。

罗德还特别感谢借调到"振兴项目"的业务人员。他想确保业务利益相关方知道他们的贡献受到了赞赏,而且对"振兴项目"的成功至关重要。

第20章 编写收尾报告

为未来的项目积累的经验教训

在记录项目过程中汲取的经验教训时，罗德试图向业务利益相关方反馈有关他的团队在项目过程中学到了什么以及他们如何在未来应用这些经验教训。他还决定将项目团队在实施CRM系统时与某些利益相关方群体打交道的一些经验教训包含在报告里。

项目结束时的遗留问题清单

在这一部分，罗德希望向业务领导和运营团队的管理层提供项目结束时仍未完成的事项清单。罗德确定了一些项目范围以外的、项目团队无法处理的事项。在项目正式结束后，运营团队必须继续完成这些事项。罗德提前与制造团队代表华尔特·费雪仔细检查了这份清单，以确保华尔特对清单上的事项没有任何异议。这样的话，如果列表之后出现问题，沃尔特可能会被要求帮助罗德支持这些事项。

> 有人学习，有人对周围发生的事情持开放态度，有人倾听，有人听课。当人们做了愚蠢的事情时，他们下次就不会再做。当人们做了一些有效的事情时，他们下次就会做得更好，更努力。问题不在于你成功了还是失败了，而在于你是学习者还是非学习者。
>
> ——本杰明·巴伯

基本项目信息

在这一部分，罗德只是提醒读者关于项目的基本信息，如项目的进度、预算和质量要求。他回顾了与项目商业论证目标相比的成果分析，以说明他们如何实现了这些目标。他还提供了一份高级财务会计报告，解释了预算中少数几个大的差异，并解释了产生差异的原因。

最终观察

当罗德完成了他为业务利益相关方准备的草稿时，他意识到这部分内容比他为项目利益相关方准备的要短。

项目利益相关方

罗德认识到项目利益相关方对于他们想从项目报告中得到什么有着完全不同的观点。在收尾报告的这一部分中，罗德将涵盖业务报告中包含的所有主题，只是细节的级别和类型会发生变化。在项目收尾报告的各部分内容中，罗德都试图说明以下几项：

- 分析项目中使用的流程。

- 确认有效的事情，解释无效的事情。

- 对未来实施项目的方法提出的改进建议。

他决定在项目利益相关方部分组织好以下信息：

- 项目的详细总结（主要是进度和预算），包括对原始项目计划的修改次数。

- 项目商业论证的总结及团队如何实现这些收益。

- 主要成就总结。

- 来自问题日志、风险日志和变革控制日志的性能问题、冲突和解决方案的摘要。

- 项目每个阶段的成果，包括实际日期与预测日期及预算与实际费用（预算的使用和增减等，需要完整的文档）。

- 批准的项目范围变更总次数，以及这些变更对完成商业论证、进度和预算的影响。

- 就项目顺利过渡到运营工作所需的工作清单。

- 对未来项目变革的建议（罗德专注于公司范围的软件项目），以便它们运行得更顺畅，并与业务更兼容。

- 对报告流程和改进建议的深入分析。
- 对整个项目管理过程的分析。
- 团队的绩效（他决定对本部分内容保密，因为他意识到自己想识别特定的个人及其表现）。
- 对团队成员的特别感谢。
- 项目实施后预计的审查日期。

项目利益相关方的期望

罗德报告这一部分的理由，只是强调在项目推进时使用沟通来管理利益相关方的重要性。他写了"振兴项目"在克服变革阻力方面取得的成功，尤其是在克服销售团队和制造团队的阻力方面取得的成功。

罗德希望所有核心团队成员都参与收尾报告的编写，他认为他们应该在报告定稿之前为报告做出贡献或检查报告内容的准确性。例如，他让沟通专家安妮·加西亚编写并提交了收尾报告的相关部分，因为罗德知道她拥有正确的技能。然后，在经过编辑，并考虑了其他人的意见之后，罗德最终确定了文稿内容。

梳理收尾报告

罗德在为收尾报告选择框架时牢记了所有这些建议。因为报告很长，所以他决定将报告分成四部分。以下是报告的框架。

- 第一部分：执行摘要。执行摘要的篇幅为1~2页，为那些需要快速浏览简报、没有时间或无法消化整个文档的主要利益相关方总结了报告的内容（参见图20.1中的执行摘要示例）。

Communications Skills for Project Managers

- 第二部分：包含罗德认可的信息，可以发送给所有团队成员、经理和其他感兴趣的利益相关方。具体包括对项目数据的详细审查和对项目在满足项目商业论证方面的成功程度的评估。

- 第三部分：描述如何解决迈德医疗科技公司内其他项目经理遭遇的问题。这些项目经理对罗德项目团队所做工作的一些详细机制及他们如何完成计划和可交付物更感兴趣。这些项目经理还将从罗德的团队中汲取经验教训，以帮助他们在未来成功地完成项目。

- 第四部分：介绍管理层或决策团队的信息。这部分包含与"振兴项目"相关的信息，这些信息本质上是保密的。罗德意识到机密报告是最难管理的。通过将其作为报告的一个单独部分，他觉得自己可以控制对这些信息的访问并管理好安全问题，这对迈德医疗科技公司很重要。罗德与负责人宝拉·达尔伯格进行了沟通，他们同意提供"振兴项目"的财务报告和高度机密的材料，并确定了允许查看这些信息的几个人。他们俩都意识到这一部分还包含了不适合团队成员查看的信息，如工资、团队成员的绩效及对未来项目的建议。

执行摘要

背景信息

迈德医疗科技公司的旧系统（CTS）在当前市场条件下不能很好地支持公司业务。公司发现有效地响应客户订单越来越困难。CTS很难安排制造流程来为客户提供正确的订单数量。因此，公司不得不维持更大的库存以满足客户需求。此外，如果迈德医疗科技公司不用新系统取代CTS，订单输入系统将变得越来越昂贵且难以支持公司业务，系统的可靠性也会不断下降，导致效率低下。

图 20.1 执行摘要示例

预期收益

现在，迈德医疗科技公司能够近乎实时地跟踪库存。当客户要求加急订单时，公司的客户代表能够访问库存并立即知道哪些产品可以随时发货。客户代表还可以在输入订单之前创建"假设"场景，以帮助客户最大限度地获得折扣并利用促销活动。

营销团队能够轻松检索客户订单并更好地预测客户的新产品和服务需求。CRM还允许营销部门更准确地确定公司产品线中的价值驱动因素。

订单输入系统会变得更加简单，并消除销售团队和制造团队之间的多个手动输入点，替换当前使用的众多各式各样的电子表格。

经济利益

根据计算，本项目预计会产生以下财务收益：

- 3 920万美元的净现值（5年后）。
- 内部收益率为216%（5年后）。

项目团队为所有关键利益相关方群体制定了关键输入和输出指标，以跟踪收益并记录计算出的收益。

基本项目信息

该项目计划于2008年一季度末按时完工。授权预算为600万美元。期间，迈德医疗科技公司决定添加一些未包含在原始估算中的功能，因此执行成本略高，项目的最终成本为630万美元。至于CRM系统的质量，服务台报告的支持请求与旧系统相比略有增加。

图 20.1 执行摘要示例（续）

借助该执行摘要，罗德·汤普森结束了他的项目，并允许所有关键利益相关方访问他们所需的关键项目信息。

然而，他的工作还没有完成。他仍需要与项目团队沟通，并向他们提供有关工作绩效的反馈。

本章要点：

- 使用收尾报告作为项目和项目团队成果的营销文件。
- 在计划编写收尾报告时，你要确定哪些通用的沟通元素是合适的。
- 请记住，你的收尾报告至少有两类读者——业务利益相关方和项目利益相关方。两者需要不同的信息和细节。
- 将报告梳理好以传达信息，并保持适当的安全级别。
- 当报告篇幅很长时，要编制执行摘要。

第 21 章

向项目团队提供反馈

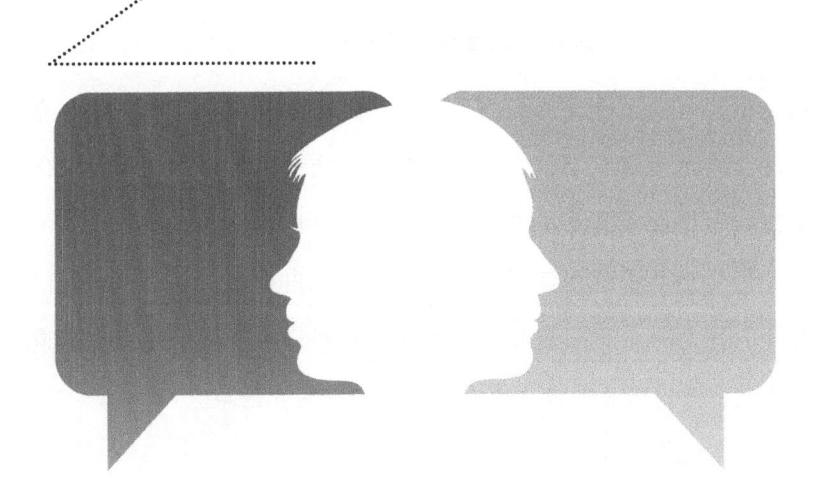

Communications Skills for Project Managers

对任何项目经理来说，最后的沟通都是与项目团队成员坐下来聊一聊，因为他们之后要么回到自己的日常工作，要么干脆离开（如果他们是外部承包商的话）。这种沟通形式可能仅限于核心团队成员，也可能适用于所有团队成员，甚至包括外部承包商、顾问和供应商。这种非常特殊的沟通应该在一对一的会议中进行，并且内容应该涵盖团队成员的绩效。

由于罗德·汤普森的"振兴项目"有来自其他部门或职能团队的人员参与，因此迈德医疗科技公司要求罗德向他的直接领导提供每个人的绩效评估。罗德很清楚，在迈德医疗科技公司，绩效评估可用于从晋升到安排新任务甚至裁员的任何事情。

罗德了解到，在"振兴项目"中，人们会在不同的时间退出。他知道他必须在项目结束前抽出时间审查每位团队成员的贡献，并在团队成员离开时再次审查，而不是等到项目结束。为什么？因为他认识到，在这样一个非常大的项目中，从一个人完成项目内容到实际审查之间的间隔可能是相当长的。他从经验中习得，如果他没有及时开始审查，那么他可能很难准确地记住他想强调的重点。罗德还担心，如果一名员工离开很久之后才与罗德再次会面，那么该员工可能不会从项目中受益。

让其他人参与评估过程

有些公司拥有必须遵循的标准评估程序，人力资源部门也可能会介入评估过程。在这种情况下，人力资源部门可能会提供标准评估表供你和员工填写。在团队成员与来自其他利益相关方群体的经理广泛合作的情况下，你可能会要求这些经理也为书面评估做出贡献。我不建议询问非经理的个人的意见。他们通常不熟悉这个过程，可能在以后为你制造公司政治问题，并发表可能被视为人身攻击的不实言论。

第21章　向项目团队提供反馈

多年来，罗德学到的一个技巧是，在与团队成员沟通他们的工作质量时，使用具体的例子来说明他试图提出的观点。例如，他会对团队成员说："你为营销部门建立的财务模型在数据分析中非常有用。"而不是"营销人员真的很喜欢你所做的工作。"他了解到，模糊的概括不会产生预期的效果，无法帮助团队成员在职业生涯中成长和/或在未来的项目中成长为更有价值的团队成员。他们需要具体地了解自己在哪些方面可以做得更好，以及需要采取哪些不同的措施来改进。

最后，罗德根据自己的经验，在评估过程中向人们提供了正面和负面的反馈。过去，他经常看到项目经理专注于人们需要改进的领域，而没有提及他们做得正确甚至做得很好的事情。（如果他们没有做好很多事情，他们就会被解雇！）

以下是罗德决定用来评估每位团队成员绩效的基本标准。

- 工作质量。
- 整个项目过程中表现出的及时性和一致性。
- 创造力。
- 行政绩效。
- 作为团队一分子工作的能力。
- 态度。
- 沟通技能。
- 技术能力。
- 成本意识。
- 改进建议。
- 开发评估矩阵。
- 庆祝项目成功。

工作质量

罗德从PMI的《项目管理知识体系指南》（PMBOK®指南）中了解了"质量"的经典定义："一组内在特征满足需求的程度。"他还知道有很多关于质量的定义。罗德认为，务实的方法会更有帮助。他决定根据以下三个问题的答案来评估团队成员所做工作的质量。

1. 分配给该团队成员的任务需要被他人纠正或完成多少次？显然，返工频率是一个重要的考虑因素。

2. 该团队成员所做的工作对参与项目的其他人有多大作用？虽然这似乎与第一个问题很相似，但事实并非如此。罗德曾在一个早期项目中看到一位顾问产生了大量不需要返工的工作，因为他的输出是无用的（只是被归档了）。

3. 该团队成员所做的工作对项目经理及项目利益相关方有多大价值？同样，这也是一个主观问题，但显然项目中有些成员负责一些关键工作，而这些工作通常是非常困难的。罗德决定在判断工作质量时考虑这一点。

所有这些问题都有助于引导罗德对各位团队成员的工作质量做出明智而清晰的判断。他还使用这些问题作为与团队成员讨论评估结果的基础。

整个项目过程中表现出的及时性和一致性

在这方面，罗德专注于团队成员按照计划工作的能力。他认为这是项目团队成员的关键反馈领域。他希望能够向团队成员提供关于他们在整个项目过程中工作的及时性和一致性的反馈，并向其团队领导反馈。罗德是这么做的：假设项目期间的大多数任务都具有相关性，而最有价值的团队成员是那些为满足时间表而工作的人。当无法按时完成任务时，他们通常会告诉罗德，并给出合理的解释。

请记住，及时性对不同的人来说可能有不同的含义。我记得在某个项目中，一位主要利益相关方抱怨团队没有及时回答他的问题。有的团队成员认为及时性意味着他们应该在得到答案后立即做出回应；有的团队成员则认为该利益相关方的问题属于团队个人的优先事项，他们会在这些优先事项的限制范围内尽快做出回应。然而，关键利益相关方对及时性的理解是，项目团队应该在当天下班前通过电话、电子邮件或其他形式来传达信息——即使答案可能会晚一些！我相信几乎项目团队中的每个人（包括我自己）都试图做出响应，但我们对及时性的定义与这位利益相关方不同。我的经验是，当你告诉团队成员你需要某些及时的信息时，一定要清楚地定义及时性并传达给对方。

创造力

罗德认识到并非所有的项目角色都需要具有创造力。由于该领域的评估可能不适用于所有团队成员，因此他将确定哪些人的创造力很重要。他认为，大多数项目都需要人们创造性地为项目中出现的无数问题提供解决方案。在他看来，认识到这一事实并在项目审查期间进行沟通对项目团队成员来说非常重要。他试图在项目日志中记录不同团队成员的创造力示例，以便在评估他们的工作时作为参考。

行政绩效

这一评估标准涉及项目经理们通常不太关心但必须完成的元素，如时间表、项目更新及所有具有管理性质的各种细节。虽然大多数人并不热衷于完成这些职责，但它们对项目至关重要。罗德认为他需要将这种重要性作为项目审查的一部分。他认为，对那些能准时并始终如一地从事项目工作的人来说，承认他们在这方面的贡献很重要。很多项目经理都认为这种努力是理所当然的，他们的态度是"那是他们的工作"。然而，罗德知道，当项目经理或管理人员必须不断地催促人们来完成管理任务时，这会是多么困难和耗时的一件事。

作为团队一分子的工作能力

团队合作是项目成功的真正核心。多年来，与罗德交谈过的大多数项目经理都相信一句老话："众人拾柴火焰高。"但是，只有当项目成员成为团队的一分子，与所有人一起工作时，才会发生这种情况。

罗德的经验告诉他，如果他有两名候选人来填补他项目团队中的空缺，其中一名候选人非常聪明且才华横溢，但表现得像电影中的主角，与团队其他人的合作很差；另一名候选人能力较差或经验较少，但他有一个较好的声誉，与团队其他成员能有效合作。罗德每次都会选择第二名候选人。罗德认为，如果一个人总喜欢"耍大牌"，那么无论他多么有才华，都不值得挽留。因此，罗德坚信应该将团队成员的协作意愿作为每次项目审查的一部分。

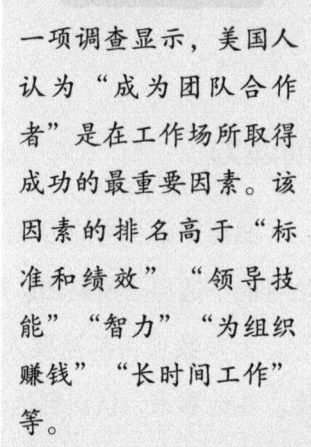

> 一项调查显示，美国人认为"成为团队合作者"是在工作场所取得成功的最重要因素。该因素的排名高于"标准和绩效""领导技能""智力""为组织赚钱""长时间工作"等。
>
> ——维基百科

态度

罗德办公室的墙上张贴着一句名言，准确地概括了他对人们工作态度的看法。这句名言出自查尔斯·史温道尔，内容如下：

> 态度比经验更重要，比教育更重要，比金钱更重要，比环境更重要，比其他人的想法、言论或行为更重要，比外表、天赋或技能更重要。它会成就或破坏一个公司、一个教堂或一个家庭。

罗德相信这句话是绝对正确的，因此他总是在项目审查会议上花些时间与团队成员讨论他们的态度。罗德小心翼翼地确保团队成员明白他不是将他们作为独立的个人来评估，或者是在与他们交流信仰或价值观，而是评估他们作为团队的一分子，在工作态度上表现如何。

沟通技能

罗德认为，沟通技能是一个人拥有的最重要的技能之一。（本书前言提到过一项全球调查，该调查显示了项目成功的首要预测因素是项目团队与主要利益相关方之间及项目团队成员之间的沟通。）因此，他认为将沟通技能作为对团队成员评估的一部分是非常合适的。他还认为沟通技能涵盖的范围很广，包括写作、演讲及简明扼要地表达。他希望将这次讨论作为指导团队成员执行未来项目的切入点。他相信，如果花时间与他们彻底讨论这部分内容，将来肯定会对他们大有裨益。

技术能力

这部分评估涉及团队成员的工作。由于本书主要侧重于沟通，因此我不会在这方面花太多时间。你可以参阅第5章和第12章，回顾一下有关敏感性和如何构建此类沟通的内容。如果你牢记各种敏感性并适当地描述各种情况，那么即使你批评团队成员，也不会让他们感到不安。如果你不恰当地组织讨论，那就可能导致局面不可收拾，因为如果你的方法让团队成员感觉像在进行人身攻击，那么大多数人都会变得非常具有防御性。

成本意识

罗德意识到这个问题可能并不适合所有人。然而，对他团队中负责管理预算的人来说，这是一种适当的沟通方式。他相信，同样的讨论也适用于负责管理供应商的项目团队成员。他设计了以下几个问题：

1. 他们在自己控制范围内的预算管理情况如何？

2. 他们是否很好地掌握了资金支出率？

3. 他们对完成职责所需资金的估计如何？

这些问题提供了一种实用的方法来帮助罗德评估团队成员的表现，并为他提供具体的例子来支持他所做的评估。罗德的观点是，不要在成本方面花太多工夫，因为结果（他们符合预算目标的程度）是具体的，大多数人都知道他们在这方面做得有多好。然而，如果有人的表现明显偏离轨道，罗德会花更多的时间与他讨论绩效并指导他在未来有所改进。

改进建议

在与团队成员沟通时，罗德认为从他们工作表现的积极方面入手是最合适的。他想确保自己对团队成员在项目过程中所做的出色工作表达欣赏。就像前面关于工作质量的反馈一样，罗德希望在表扬团队成员时能具体一些。他认为重要的是让每个人都能明确地知道在项目经理看来他们做得好的方面，他们在这些方面的表现需要得到祝贺。他们也知道会有其他负面的反馈，但从正面反馈开始有助于他们正确地看待改进建议。

在传达负面反馈时，罗德做的第一件事就是分享他提供这种反馈的目的是让他们在未来更加成功。他小心翼翼地表达他直接观察到的情况。他使用诸如"我注意到……""我看到（或听到）……""××向我报告……"之类的语句作为讨论的开头。否则，场面就会变成针对某个人，而不是关注问题或行为。他试图提出具体的建议，并使之与自己所分享的信息或/和问题关联起来。

罗德有一个自我强加的规则，那就是如果一个人确实让他很不高兴，他在谈论这个话题时就会非常小心地控制自己的情绪。他发现自己过去在讨论中表现出的强烈情绪可能会破坏他的最佳意图。出于这个原因，他会仔细地写出他想说的话及如何说，然后按照"剧本"走，而不屈服于即兴发言的诱惑。

开发评估矩阵

罗德决定使用标准的矩阵，并根据他对每项标准制定的优先级对个人进行评分（见图21.1）。正如你从图21.1中看到的那样，罗德为各评估标准赋予了不同的权重。在他没有向其他人展示的评估中，有些打分项之间是相互关联的，罗德必须传达这种关联。例如，杰西·库珀的工作存在一些问题，需要其他人进行返工。这反过来又导致她的一些工作错过了原计划的完成时间。因此，罗德在工作质量和及时性方面对她的评价较低，这也影响了罗德对她在团队中工作的评估，因为罗德的印象是，当杰西在质量和及时性方面遇到问题时，她并不承认自己对团队成员造成了影响。为了表达得更加具体，罗德将为她提供具体的例子，并在这些问题上对她进行指导。

对于保罗·瑞恩和卢克·约翰逊，罗德在"态度"这一评估标准上的反馈是，他们倾向于消极和抱怨，这影响了他们的团队成员。罗德觉得，作为领导者，当保罗和卢克出现消极情绪时，需要更多地意识到自己对团队的影响。

Communications Skills for Project Managers

	工作质量	态度	作为团队一分子的工作能力	及时性	成本意识	行政绩效	创造力
标准分值	15	15	20	20	10	10	10
安妮·加西亚	15	12	18	15	10	5	10
保罗·瑞恩	12	10	15	15	10	7	10
约书亚·拉尔森	14	15	20	15	10	10	7
卢克·约翰逊	12	10	15	12	8	5	8
史蒂夫·本森	15	15	20	10	10	7	8
杰西·库珀	10	15	10	7	5	10	7
马克·纽豪斯	15	15	15	20	10	10	5

绩效标准

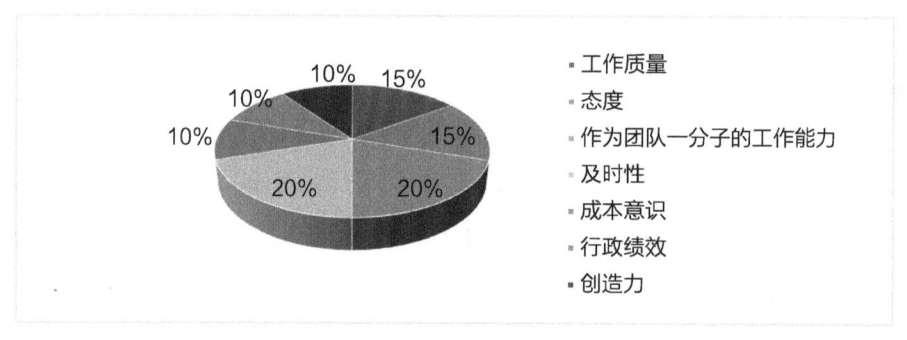

图 21.1 绩效评估矩阵

罗德喜欢这个评估工具，尽管他知道有人会批评它过于主观，但罗德可以按照一定的权重来评估他的团队成员。在他看来，这一点足以弥补该评估工具的不足。

庆祝项目成功

现在，"振兴项目"已成功完成，罗德与宝拉·达尔伯格一起计划团队的庆祝活动。他们决定向表现突出的人颁发奖项。在每个人的心中，这标志着该项目正式结束。

第21章　向项目团队提供反馈

负责人宝拉·达尔伯格与发起人丽莎·拉姆齐会面审查了庆祝计划，同时丽莎宣布了一个惊喜。丽莎和领导团队对项目团队在处理"振兴项目"过程中的出色表现印象深刻，领导层也知道该项目对迈德医疗科技公司的未来有多么重要。所以在背后，丽莎一直在为项目团队争取一个特别的庆祝活动。在上次领导团队会议上，迈德医疗科技公司同意为整个项目团队在拉斯维加斯举办的庆祝活动买单！这让宝拉和罗德惊喜不已。当他们向团队成员宣布领导团队的决策时，反响惊人。他们接到了几十通电话和几十封电子邮件，询问他们这是不是真的！没有人听说过公司领导层以这种方式奖励项目团队，这充分表达了领导层对项目团队所做的出色工作的赞赏。因此，丽莎和宝拉与项目团队进行了最后一次沟通，以确认细节——拉斯维加斯庆祝活动的详细规划开始了。

本章要点：

- 在团队成员离开项目时召开反馈会议，不要等到他们离开以后。
- 在解释你的评价（无论是赞美还是批评）时使用具体的例子。
- 多提表扬之处，而不只是提出改进建议。
- 如果可以，请让其他经理和人力资源部门参与评估。
- 确定适合每个人的评估标准并计划你要说什么及如何说。
- 不要忘记庆祝！

现在你已经整理了几乎所有的要点，你已经做好准备让项目真正落下帷幕了。

第 22 章

让项目真正落下帷幕

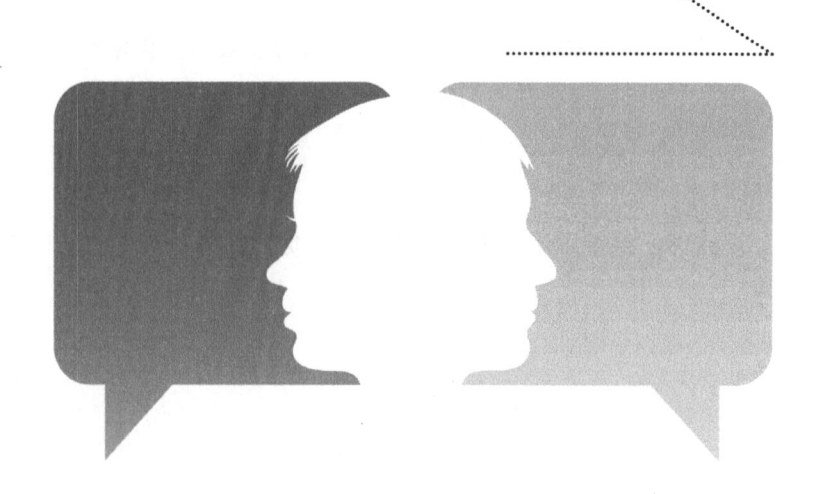

第22章 让项目真正落下帷幕

本章将专门讨论如何展示你所创造的商业价值并完成整个解决方案。我将着眼于运营团队的工作方式，并建立可持续变革的方法。项目可交付物的最大问题之一是缺乏可持续性，一旦项目团队解散，开始独立运营，人们就会回到他们的旧习惯。我想强调如何让运营团队确保长期产出收益。

与组织就项目创造的价值进行沟通

项目结束后，当运营团队接收项目可交付物时，罗德·汤普森意识到是时候与业务部门沟通，以解释其将从新项目中获得的收益了。他与负责人宝拉·达尔伯格和沟通专家安妮·加西亚坐下来交流。罗德希望确保宝拉和安妮都了解收尾报告是为公司的高管层和主要利益相关方编写的。收尾报告的大部分内容都强调了该项目的预期投资回报。但是，如果运营部门不使用"振兴项目"团队提供的CRM系统，那么预期的投资回报就很难产生。这就是罗德急于与更广泛的受众沟通的原因。

安妮向宝拉和罗德建议，对于更广泛的受众，信息需要集中在个人或集体可以从项目中获得的好处上。为了起草文件，他们三人再次转向了变革案例。在这份文件里，使用项目可交付物的人员可以看到他们可获得的收益。与更广泛的受众沟通还有一个额外的动机，那就是提醒他们由于他们通过工作委员会和变革领导者参与了项目的工作，执行工作获得了更大的成功。安妮认为，这种沟通是祝贺他们为公司做出贡献的一种方式，并希望在下次的项目管理中，罗德和他们依然能得到同样的合作。

罗德、宝拉和安妮决定起草两份沟通文件，并将它们间隔一周发布。第一份文件的内容是，对团队和公司成功实施"振兴项目"表示祝贺。第二份文件的内容是，传达项目团队工作中产生的新的运营绩效指标。两份文件的受众都是迈德医疗科技公司内部的经理们，他们会在自己的绩效合同中找到一些新的衡量标准，并且需要更好地了解它们。

运营绩效指标

随着时间的推移，使项目成果可持续的下一个关键是提醒运营团队，现在项目已经完成，轮到他们接受这些项目可交付物并正确利用它们来为公司实现投资回报了。

在向运营团队发出的信息中，罗德首先解释了量化绩效指标的必要性，以帮助证明迈德医疗科技公司在购买和实施CRM系统方面所做的投资是合理的。只有通过跟踪、衡量项目成果，才能产生实质的评估理由。

此外，罗德还阐释了两种类型的指标——输出指标和输入指标。

- 输出指标：用于监控项目可交付物产生的价值。对于CRM系统，输出指标的示例包括对现有客户的销量增长、客户满意度及潜在客户群内新客户数量的增长。

- 输入指标：用于监控各项业务的改善情况，如存储库存的减少、从签订合同到交付周期所用时间都有所缩短等。

对于有关绩效指标的信息，罗德希望大家意识到，这些评估还可以提供与迈德医疗科技公司的一些竞争对手的比较基准，以及公司表现欠佳的早期预警信号。输入和输出的对比将作为指标，通过努力改进整个迈德医疗科技公司的流程来提高绩效。在围绕指标进行沟通时，一个重点是让工作委员会参与。罗德和商业分析师保罗·瑞恩与工作委员会的多位成员合作，为迈德医疗科技公司制定正确的改进措施。

在选择衡量指标时，罗德和工作委员会与中层经理们进行了沟通。罗德想确保他们仔细考虑了这些衡量指标（收益、时间、错误数量），以便让这些经理真正了解项目可交付物是如何进入日常运营的。宝拉·达尔伯格指出，项目团队还需要澄清他们在推荐这些指标时所做的假设，因为这些经理可能会质疑这些假设，除非他们知道项目团队和工作委员会使用了哪些假设。

最后，发起人丽莎·拉姆齐非常希望确保中层经理们理解了他们需要明确负责收集和报告的高级管理团队眼中的指标。丽莎认为，如果没有人对指标明确负责，事后就没有人会报名参加这项工作了。

与所有团队成员沟通

罗德开始以书面形式指示所有团队成员何时结束项目。这给需要更多时间来完成任务的落伍者带来了压力。罗德怀疑有些人需要更多的时间，因此他将结束日期设置为未来的几周，并开始每周提醒一次结束日期。对于有问题的人员，罗德开始每天与他们会面，评估他们的工作进展并提醒他们结束日期。

罗德还要求首席商业分析师保罗·瑞恩和技术团队负责人约书亚·拉尔森通知所有外部供应商和卖家，该项目将在未来几周内完全结束。由于项目即将结束，罗德希望他们得到这样的信息：罗德和迈德医疗科技公司不会接受在项目结束30天后收到的任何供应商的账单。（当然，罗德意识到他必须在这个问题上灵活处理。但他知道尽快让供应商提供账单确实是一种可行的策略。）这也为罗德和迈德医疗科技公司节省了一些利息费用，而且及时付款可能减少项目总费用的占比。他让马克·纽豪斯检查采购订单，看看还有哪些未完成的订单，然后向他报告。

罗德还要求他的团队负责人以书面形式通知临时职业中介商和承包商的经理，该项目的结束日期即将到来。他希望这样做能让这些公司的管理人员有时间为他们在"振兴项目"中的员工安排其他工作机会，或者让这些员工重新回到他们日常的工作职责中去。

Communications Skills for Project Managers

项目实施后的审查

有经验的项目经理（尤其是大型项目的项目经理）的常见做法是进行项目实施后审查。罗德查阅了关于如何进行项目实施后审查的参考书，以确保运营正确且能持续地使用项目可交付物。

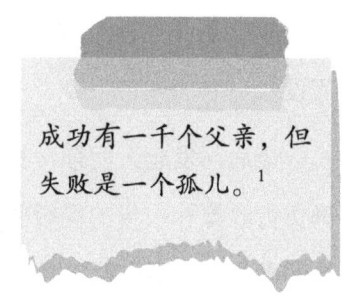

> 成功有一千个父亲，但失败是一个孤儿。[1]

罗德指出，项目实施后审查会议通常安排在项目结束后3~6个月内，由主要团队成员和一些利益相关方参加。审查是对自项目移交运营以来所发生情况的讨论。由于其他任务和项目即将开启，罗德决定在"振兴项目"结束后大约10周举行会议。

在查看参考资料时，罗德认识到与项目保持一定距离的价值：可以帮助每个人了解哪些进展顺利，以及他们将来会采取哪些不同的做法。他还意识到，任何可能发生的问题或意外都在最初的几个月内发生。这些信息非常有助于经验教训的总结。

最后，罗德与宝拉一起向运营管理团队进行了概述。他们非常热衷于交流"振兴项目"提供的价值。罗德还想向决策团队介绍情况，因此他和宝拉让丽莎参与进来。他们都认为本次演示的重要性在于，可以在管理团队内部对项目回报的可持续性设定正确的期望。他们的假设是，如果执行团队期望使用项目可交付物（CRM系统和相关的业务流程），则它们更有可能被正确地运用。

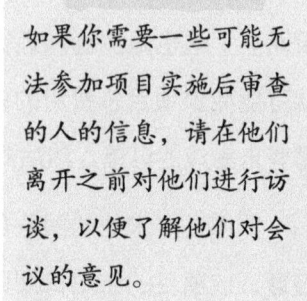

> 如果你需要一些可能无法参加项目实施后审查的人的信息，请在他们离开之前对他们进行访谈，以便了解他们对会议的意见。

---

1 指对于好事，大家都来抢；而对于坏事，就没有人来认领了。——译者注

后记

本书自始至终都表达了沟通对项目获得成功的重要性。事实也证明，项目成功的最佳预测指标是项目团队与利益相关方之间及项目团队成员之间的沟通情况。

所有类型的沟通都有通用的元素，无论是书面沟通还是口头沟通，都应该应用或考虑这些元素。如果你忠实地遵循了这些原则，就能让项目获得更大的成功。

在本书中，我一直试图证明向利益相关方传达以下信息的重要性。

- 管理利益相关方的期望。
- 保证领导团队的参与和支持。
- 管理风险以预防或控制问题。
- 为项目可交付物做好运营准备。

此外，你要始终像制订工作分解结构和进度计划那样仔细、认真地准备沟通计划，这将使你从项目一开始就获得好处。

最后，还有一条建议：始终为具有特定目的的不同受众制定不同的沟通策略。这样做会让你成为一名杰出的项目经理！